CEUX
QUI REVIENNENT

Par un Ex-Greffier

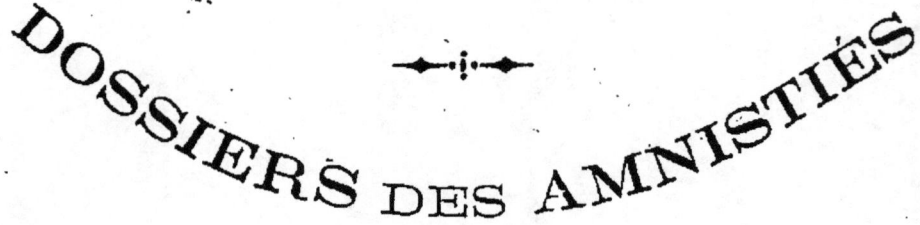

Prix : 25 centimes

PARIS

AUX BUREAUX DU *GAULOIS*

CHEZ TOUS LES LIBRAIRES ET MARCHANDS DE JOURNAUX

VENTE POUR PARIS : 21, RUE DU CROISSANT
Chez M. ARMAND LÉON

1880

CEUX
QUI REVIENNENT

★

CEUX
QUI REVIENNENT

Par un Ex-Greffier

—•—

DOSSIERS DES AMNISTIÉS

Prix : 25 centimes

PARIS

AUX BUREAUX DU *GAULOIS*

CHEZ TOUS LES LIBRAIRES ET MARCHANDS DE JOURNAUX

VENTE POUR PARIS : 21, RUE DU CROISSANT
Chez M. ARMAND LÉON

—

1880

CEUX QUI REVIENNENT

Le document suivant a paru dans le *Gaulois :* Nous l'avons complété et augmenté de trois cents noms et, tel que nous le présentons, il constitue une sorte de livre d'or de l'amnistie.

Nous n'avons pu donner que le résumé succinct des condamnations encourues, tel qu'il nous a été donné de le copier sur le dossier même des condamnés. Nous n'avons pas embelli la réalité des faits et cependant nous avons soulevé bien des colères.

Il nous a néanmoins paru utile et salutaire de mettre sans phrases le public au courant des faits et gestes des hommes auxquels le Gouvernement ouvre ses bras.

CEUX
QUI REVIENNENT

A

Abel, né le 23 octobre 1848, à Metz, cordonnier, banni : treize mois de prison, Paris, 9 septembre 1868, vol; treize mois, id., 6 avril 1870, vol.

Adam (J.-B.-Alphonse-Auguste, dit Collet), né en 1840, à Alligny (Ardennes), représentant de commerce, contumax : huit mois de prison, Paris, 3 novembre 1857, vol.

Adam, dit Éphège (Prosper-Gaspard), né en 1848, à la Réunion, soldat, banni : un an, cour d'assises de la Seine, 20 octobre 1871, vol.

Adamy (Amédée), né en 1854, à Paris, ouvrier en nacre, déporté : en correction jusqu'à seize ans, à Paris, et, depuis, cinq condamnations pour vagabondage ; trois mois le 21 septembre 1872 pour abus de confiance; quatre nouvelles condamnations comme vagabond récidiviste.

Adamy (Pierre), né en 1851, à Paris, nacrier, contumax : huit mois de prison, Paris, 9 janvier 1869, vol.

Age, né en 1851, à Paris, garçon de lavoir, déporté : quatre condamnations pour vagabondage et mendicité ; trois mois, Paris, 22 août 1868, pour outrage à la pudeur (commué).

Ajot, né en 1832, à Nancy, homme de peine, déporté : 2 mois, Paris, 5 juin 1867, vol.

Albert ou **Aubert**, né en 1829, à Guinglange (Moselle), condamné contumax : trois ans de prison, Lyon, 3 mai 1853, vol d'effets chez l'habitant ; deux ans de travaux publics, conseil de guerre de Besançon, le 10 octobre 1855, vente d'effets ; huit jours de prison, Paris, 23 avril 1873, abus de confiance.

Allemane, né en 1842, à Sauveterre (Haute-Garonne), typographe, déporté, puis rapatrié par la *Creuse*, banni : quinze mois, Paris, 22 septembre 1871, usurpation de fonctions. (Une décison récente lui a accordé sa grâce entière.)

Allix (Jules), né en 1818, à Fontenay-le-Comte (Vendée), licencié en droit, contumax (ancien membre de la Commune) : huit ans de bannissement, Paris 1853, pour attentat à la vie de l'empereur ; quinze jours de prison, Paris, 1869, et un an, id., en 1870, pour contravention aux lois sur les réunions publiques. (Est à Paris avec un sauf-conduit.)

Amiot, né en 1831, à Paris, marchand de bouteilles, déporté : deux mois, Paris, 5 février 1857, rébellion et coups ; six mois, 24 septembre 1862, coups.

Amouroux (Charles), membre de la Commune,

né en 1843, à Chalabre (Aude), chapelier, déporté : rapatrié par la *Creuse* et banni, a depuis obtenu sa grâce complète; neuf condamnations variant de un à treize mois de prison, pour offenses envers l'empereur, délits en matière de réunions publiques, outrages aux commissaires de police; à la déportation dans une enceinte fortifiée, conseil de guerre de Lyon, 2 septembre 1871, pour participation à l'insurrection de cette ville.

Andignoux, né en 1844, à Toulouse, chapelier, contumax : membre du Comité central à 16 fr. d'amende, Paris, 15 juin 1870 pour outrages.

André (Auguste-François), né en 1844, à They (Meurthe), roulier, déporté : trois condamnations pour vol à Paris, dont six mois le 28 septembre 1865.

André (Louis-Eugène), né en 1829, à Paris, cuisinier : trois mois de prison, Paris, 24 janvier 1871, pour vol.

Ansart, né en 1832, à Fresnoy (Pas-de-Calais), garçon marchand de vins, déporté : deux mois de prison pour vol, à deux reprises, à Paris, 26 juin 1868 et 31 décembre 1869.

Anstett, né en 1827, à Barchain (Meurthe), journalier, déporté : six mois, Paris, 6 novembre 1861, pour vol; six mois id., 26 août 1867; huit mois le 13 août 1870, pour outrage public à la pudeur.

Ardillières, né en 1834, à Sèvres, journalier, déporté : trois mois, 28 août 1855, Paris, pour vol; quatre autres condamnations pour vagabondage et mendicité.

Arnault dit Arnauld (Noel-Léopold), né en 1838,

à Jauger (Yonne), membre de la Commune, garçon de salle : cinq ans de réclusion et dégradation militaire par le conseil de guerre maritime de Toulon, le 30 avril 1856, pour vol au préjudice d'un matelot; trois mois de prison à Toulon, le 8 août 1864, pour rupture de ban ; trois mois à Marseille, le 13 juin 1865, pour même motif; six mois à Limoux le 20 novembre 1865, pour abus de confiance; treize mois à Paris, le 6 décembre 1862, pour recel; vingt ans de travaux forcés par la cour d'assises de la Seine, le 15 décembre 1874 pour vol qualifié.

Arnould (Arthur), né en 1833, à Dieuze (Meurthe), journaliste, membre de la Commune, contumax : quatre fois condamné de un à six mois de prison, pour délits de presse.

Artaud, né en 1845, à Aix, boulanger, détention : un an, Aix, 14 juin 1866, vol ; quatre ans, id., le 18 février 1867, vol qualifié.

Aubin, né en 1834, à Essarts (Vendée), limonadier, contumax : quinze francs d'amende, Paris, 20 avril 1866, coups et blessures.

Aubry (Victor-Émile), prenant le pseudonyme de Henri Ricard, né en 1829, à Rouen, lithographe, contumax : trois fois condamné de vingt jours à six mois de prison, pour délits de presse et association illicite.

Audebrand (Auguste), né en 1844, à Paris, comptable, déporté : cinq ans et cinq ans de surveillance, assises de la Seine, 15 août 1852, vol et complicité de vol, peine confondue avec celle de la déportation (commué).

Audet, né en 1826, à Paris, peintre sur porcelaine, condamné à mort par contumace : six condamnations de quatre mois à cinq ans, pour complots, délits de réunions, etc. (commué).

Avise, né en 1850, à Gonesse, briquetier, déporté : quatre mois, Paris, 6 août 1868, pour vol.

Avrial (Augustin), né en 1840, à Rivel (Haute-Garonne), ajusteur mécanicien, membre de la Commune, à mort par contumace : deux mois, Paris, 9 juillet 1870, réunions illicites.

B

Ballard, né en 1832, à Montreuil-sur-Mer, cuisinier, banni, quatre fois condamné de trois à huit mois de prison, pour vagabondage, rupture de ban, et le 19 avril 1861 pour outrage public à la pudeur (commué).

Bardet, né en 1842, à Chaumont, tailleur, banni : quinze jours, Paris, 21 juin 1873, pour rébellion et ivresse, éloigné le 13 avril 1875.

Bardolle, né en 1849 à Paris, peintre en bâtiments, déporté : huit condamnations de un à treize mois pour vol, vagabondage, rupture de ban, la dernière, de Paris, le 30 janvier 1870, pour vol (commué).

Bas (Charles-Louis), né en 1824 à Dôle, chapelier, condamné à mort par contumace : deux condamnations pour vagabondage; dix-huit mois de prison, le 11 février 1842, pour vol, par la cour des pairs.

Batton, né en 1839 à Chatelux (Creuse), maçon, déporté : quatre fois pour vol et escroqueries, la dernière à trois mois, Paris, 24 janvier 1864 (commué).

Baunier (Louis-Désiré), né en 1848 à Paris, charretier, banni : quatre condamnations, de un à quatre mois de prison, pour vol, à Paris : la dernière est du 2 octobre 1867.

Bayle (Pierre-Louis), né en 1822 à Privas, cocher de fiacre, contumax : six mois, Paris, cour d'assises, 12 juillet 1860, pour vol.

Bayle (Pierre-Désiré), né en 1842 à Paris, zingueur, déporté : cinq condamnations, dont deux pour vol, la dernière à trois ans, assises de la Seine, le 17 août 1860 (commué).

Beaudier, né en 1834 à Seboncourt (Aisne), charretier, déporté : trois ans de prison, Strasbourg, 10 avril 1856, pour vol ; deux condamnations postérieures pour coups et outrages.

Beaudoin, né en 1835, à Reims, menuisier, déporté : 25 octobre 1859, Réthel, six semaines de prison pour vol ; 24 novembre 1854, id., deux mois pour vol.

Beaudouin, né en 1830 à Marolles (Yonne), matelassier, déporté : douze condamnations pour délits de chasse, coups et blessures, etc., dont deux pour vol, la dernière à treize mois, Senlis, le 18 décembre 1850 (commué).

Beauté, né en 1848, à Ivry (Seine), ex-militaire, déporté : trois condamnations, deux pour abus de confiance et trois ans aux assises de la Seine, le 11 juin 1867, pour soustraction frauduleuse (commué).

Belin, né en 1847, à Vanves, ajusteur-mécanicien, déporté : quatre condamnations pour vol, la dernière à Paris, 18 avril 1868 (commué).

Bellanger, né en 1850, à Caen, domestique, contumax : deux mois, le 16 juin 1874, pour abus de confiance et cinq ans le 28 mars 1876, pour escroquerie (défaut).

Bérard, né en 1844, à Lyon, serrurier, déporté : trois fois, dont un an et un jour, Tours, 11 septembre 1868, pour vol et vagabondage (commué).

Belly, né en 1842, à Saint-Nicolas-de-Lagrave (Tarn-et-Garonne), menuisier, déporté : six jours de prison, Paris, 4 mai 1859, pour escroquerie ; trois autres condamnations de six à dix-huit mois pour vol.

Bercher, né en 1847, à Paris, plombier, déporté : cinq ans de réclusion, 4 mai 1864 (assises de la Seine), émission de fausse monnaie.

Berger, né en 1854, à Saint-Etienne, cannier, banni : huit jours à Roanne, 17 juillet 1870, pour vol ; trois mois à Paris, 12 octobre 1870, pour vol.

Bernard (Stanislas-Paul-François), né en 1851, à Paris, cuisinier, soldat déserteur, déporté, quatre mois, Paris, 25 mai 1870, pour vol ; un mois par conseil de guerre à Brest, le 28 juillet 1871, pour vol, rébellion et coups.

Bernard (Arthur-Frédéric), né en 1847, à Lille, ajusteur, déporté : dix condamnations, dont cinq pour vol, la dernière à un an, Douai, le 18 janvier 1869 (commué).

Bernier ou bien **Hunot** (Émile), né au Pecq, (Seine-et-Oise), professeur libre, contumax : trois condamnations pour vol et escroqueries, dont un an le 28 septembre 1870. — Aurait été tué sur la barricade du Château-d'Eau.

Berrier, né en 1849, à Paris, serrurier, déporté : quatre fois pour vol, la dernière à deux mois le 20 novembre 1869 (commué).

Besson, né en 1843, à Epinal, cordonnier, déporté : deux fois pour coups et un an par conseil de guerre de Besançon, le 10 mars 1862, pour vente d'effets.

Bernu, né en 1847, à Paris, tourneur en cuivre : en correction jusqu'à dix-huit ans; quatre condamnations de quatre mois à deux ans, à Paris, pour vol, la dernière en date du 22 novembre 1867.

Bessy, né en 1844, à Saint-Romain (Loire), employé de chemin de fer, déporté : trois ans, Paris, 25 janvier 1871, vol d'effets.

Bontemps, né en 1832, à Nevers, forgeron, déporté : cinq condamnations, dont une pour désertion, et un mois, Brest, 25 mars 1854, vol.

Beucher, né en 1834, à Paris, serrurier, forçat libéré, contumax : dix ans de travaux forcés, le 2 juillet 1853, vol qualifié.

Beunon, né en 1818, à Fontenay-le-Fleury (Seine-et-Oise), fabricant d'orgues, banni : un an, à Paris, 23 avril 1856, vol.

Bialon, né en 1848, à Paris, polisseur sur acier, contumax : six mois de prison, Paris, 6 février 1869, vol.

Billat, né en 1838, à Compiègne, chiffonnier, déporté : en correction jusqu'à dix-huit ans, deux mois, Paris, 15 novembre 1866, vol.

Bioret, né en 1811, à Savenay (Loire-Inférieure), employé, déporté : quinze jours, Lorient, 16 mars 1862, abus de confiance (commué).

Blervacques, né en 1842, à Abbeville, comptable, déporté : trois condamnations, dont quinze mois, Abbeville, 17 novembre 1869, pour vol, et cinq ans de travaux publics, le 15 novembre 1870, à Paris, pour désertion à l'intérieur en temps de guerre (commué).

Block, né en 1853, à Besançon, employé, contumax : six mois, Rouen, 27 février 1877, escroquerie, par défaut (commué).

Blondel, né en 1847, à Ruitz (Pas-de-Calais), cordonnier, déporté : quatre condamnations pour vol, variant de six à quinze mois, la dernière du 29 septembre 1870.

Boet, né en 1846, à Bohin (Aisne), tisseur, déporté : deux mois, Paris, 20 mai 1868, vol.

Boisseau, né en 1841, à Meaux, journalier, déporté : cinq condamnations, à Paris, pour vol, de trois à un an, la dernière le 12 juin 1867.

Bollet, né en 1824, à Port-sur-Saône, charretier, déporté : treize condamnations, dont une à dix ans de réclusion par le conseil de guerre d'Oran, le 31 juillet 1847, pour vol de cartouches ; une autre de cinq ans, pour faux certificats, le 26 juillet 1865.

Boissy, né en 1852, à Paris, sculpteur sur bois, banni : trois mois, Paris, 25 août 1869, vol et vagabondage (commué).

Bonfils, né en 1834, à Paris, cordonnier, déporté, sept condamnations pour vol, variant de trois à treize mois, la dernière du 15 décembre 1870 (commué).

Bonnenfant (Jacques), dit Jean, né en 1837, à Apchal (Puy-de-Dôme), menuisier, déporté : quatre condamnations dont trois pour vol, la dernière à dix-huit mois, Paris, 19 mai 1868 (commué).

Bontemps, né en 1832, à Nevers, forgeron, contumax : cinq fois, pour rébellion, coups, désertion; un mois, Brest, 25 mars 1874, pour vol.

Bonnard, né en 1830, à Paris, serrurier, déporté : quatre condamnations pour vol, de un mois à un an, celle-ci le 26 novembre 1869.

Borel, né en 1831, à Paris, facteur d'imprimerie, déporté : trois condamnations pour vol de un à cinq ans, la dernière le 24 juin 1867.

Boucher, né en 1834, à Bonneval (Eure-et-Loir), tailleur, déporté : cinq condamnations, dont une à quinze jours de prison pour escroquerie, à Paris, le 23 juillet 1862.

Boulay ou **Boullet** (Jean), né en 1846, à Freslines (Creuse), journalier, déporté : trois mois de prison pour vol, le 1er janvier 1864 et six mois pour tentative de vol, le 27 juillet 1867.

Boulet, né en 1840, à Paris, chiffonnier, déporté : six condamnations pour vol, de six jours à treize mois, la dernière le 28 juillet 1870.

Bourdet, né en 1818, au Puy, marchand de vieux papiers, déporté : sept condamnations pour vol, de six mois à cinq ans, la dernière le 6 avril 1865, à Nevers.

Bourguignon, né en 1830, à Beauvais, manouvrier, déporté : cinq fois, dont deux fois pour vol, la dernière, 6 mois à Paris, 6 septembre 1869 (commué).

Boursier (Louis-Léopold), né en 1839, à Villeneuve-la-Guyarde, membre du Comité central, contumax : 11 mai 1864, Paris, mis en faillite.

Bourson (Jules), né en 1805, à Paris, saltimbanque, contumax : 4 mois en 1840 pour détention de munitions de guerre ; déporté en 1848 (commué).

Boutonné, né en 1823, à Lady (Seine-et-Marne), ciseleur, contumax : Paris, le 22 avril 1868, pour coups.

Bouvier, né en 1825, à Champenoteux (Mayenne), maréchal-ferrant, déporté : deux condamnations pour désertions et vente d'effets militaires, plus deux ans par conseil de guerre, Paris, 24 juillet 1850, pour escroquerie.

Brasquiés, né en 1823, à Maurs (Cantal), charpentier, détenu : huit ans de détention pour délits de droit commun.

Brideau (Marie-Gabriel), né à Mortagne, journaliste, condamné à mort pour l'insurrection : deux condamnations pour complot.

Brisson, né en 1834, à Paris, relieur, déporté : cinq fois, dont un an, Paris, 13 septembre 1865, pour coups, blessures et vols (commué).

Bruyer, né en 1816, à Brest, déporté : cinq ans de réclusion, Saint-Brieuc, 15 janvier 1863, pour enlèvement (commué).

Bry, né en 1819, à Lorient, cordonnier, déporté : sept condamnations dont quatre pour vol, la dernière à trois ans et cinq ans de surveillance, Rouen, 12 septembre 1863.

Budaille, né en 1836, à Saint-Nicolas-de-Brême (Vendée), instituteur, l'un des plus fameux agitateurs des réunions publiques, déporté : trois condamnations de un mois à un an, pour outrages et délits de parole.

Brécard, né en 1835, à Semur (Côte-d'Or), charpentier, déporté : six condamnations pour vol et abus de confiance, de quinze jours à deux ans, la dernière le 19 juillet 1861.

Bricé, né en 1817, à Mortefontaine (Oise), entrepreneur, contumax : trois condamnations, de deux à treize mois, pour banqueroute simple, plus le 30 janvier 1869, pour vol et escroquerie.

Bruder, employé de commerce, contumax : deux mois, Paris, 24 août 1869; pour escroquerie ; six ans de travaux forcés, à Paris, le 18 septembre 1872, faux et escroquerie.

Bruet, né en 1848, à Paris, journalier, déporté : trois condamnations de trois à six mois, pour vol, la dernière le 11 juillet 1870.

Bourtin (Lucien-Roger), journaliste, sept condamnations pour vol, dont soixante ans de travaux forcés par contumace.

C

Caillard, né en 1835 à Bussières (Creuse), maçon, déporté : 3 ans de prison, pour blessures volontaires ayant déterminé la mort, à Bourges, par le conseil de guerre.

Cailly, né en 1827, à Paris, journalier, déporté : un an, Limoges, 29 mars 1855, pour bris d'armes (conseil de guerre); puis *vingt-trois* autres condamnations pour vagabondage, rupture de ban, ou dissipation d'effets militaires.

Calbet, né en 1850, à Palaiseau, parqueteur, déporté : trois fois de quinze jours à un mois pour coups, rébellion et outrages aux agents.

Camus, né en 1846, à Saint-Germain-en-Laye, teinturier, déporté : quatre mois, 31 juillet 1863, pour vol; quatre ans, Paris, 3 mars 1866, pour vol.

Canard, né en 1849, à Paris, menuisier, déporté : cinq condamnations de quinze jours à trois mois, pour vol, la dernière à Versailles le 28 octobre 1868.

Caria (François-Alexandre), né en 1814, à Mont-Notre-Dame (Aisne), scieur de long, banni : 15 juin, Château-Thierry, 31 juillet 1846, pour coups (commué).

Caria (Gustave-Léopold), né en 1841, mécanicien, fils du précédent, contumax : trois mois, Paris, 6 avril 1859, pour coups (commué).

Carrier, né en 1836, en Savoie, journalier, contumax : banqueroute simple, et six mois, le 28 novembre 1872, à Paris, pour escroquerie, par défaut (commué).

Carlier, né à Mons (Aisne), en 1833, couvreur, déporté : trois mois, Paris, huit jours, 1852, vols; un an, id. 21 avril 1853, vol.

Carpentier, né en 1846, à Saint-Just (Oise), bonnetier, déporté : neuf condamnations de huit jours à six mois, pour vagabondage et rupture de ban.

Cassin, né en 1848, à Brest, comptable, déporté : trois mois, Paris, 27 novembre 1869, vol ; cinq ans, le 18 août 1870, désertion.

Cauvigny, né en 1847 à Romilly (Aube), teinturier, banni : cinq condamnations de six jours à six mois, pour vol et coups, la dernière le 8 février 1870, à Paris.

Cayol, né en 1824, à Melun, coutelier, déporté : trois ans, Paris, 18 avril 1854, vol ; cinq ans, Paris, 6 mars 1858, vol.

Cazeaux, né en 1842, à Lille, coutelier, contumax : deux faillites et cinq jours de prison pour complicité de vol et banqueroute simple, le 4 octobre 1872.

Chabannes, né en 1834, à Paris, *rentier* (!), banni : cinq condamnations, attentat à la pudeur, violation de domicile, outrages à la pudeur, coups, ivresse, dont un an le 27 juillet 1864 (commué).

Chanal, né en 1842 à Montargis, cordonnier, déporté : quatre condamnations, dont quatre mois à Paris, 23 novembre 1868, pour vol.

Chamarie, né en 1837, à Morette, cordonnier, contumax : trois ans, Paris, 16 décembre 1859, pour vol au préjudice d'un militaire.

Changarnier, né en 1833, à Chagny, chapelier, déporté : six mois, Paris, 11 mai 1860, pour vol ; cinq ans de réclusion, Rennes, 28 novembre 1862, pour vol.

Chapitel, né en 1840, à Passavant (Haute-Saône), cantonnier, déporté : trois condamnations de trois mois à cinq ans, vol, abus de confiance.

Chapron, né en 1843, à Paris, maquignon, contumax : cinq condamnations, de trois à treize mois, pour vol; la dernière du 24 novembre 1871.

Charmeur, né en 1828, à Fontainebleau, cordonnier, déporté ; huit condamnations pour vol, dont la première le 8 septembre 1846, à Fontainebleau.

Chartier, né en 1817, à Orléans, cordonnier, contumax : treize mois par cour d'assises de Paris, le 25 mai 1855, pour vol.

Chardon (J.-B.), né en 1839, à Sauvigny (Allier), membre de la Commune, chaudronnier, condamné à mort par contumace : six jours de prison à Clermont (Oise), le 20 mars 1862, pour vol; quinze jours à Paris, 5 avril 1870, pour coups; plus deux condamnations, à Paris, en 1870, pour délits politiques.

Charpentier, né en 1829 à Tuisieur (Marne), forgeron, déporté : deux fois pour vol, dont deux ans, Paris, 16 janvier 1868.

Charton, né en 1855 à St-Malo, vitrier, déporté : en correction jusqu'à dix-huit ans, et quatre condamnations pour vol.

Chaussepied, né en 1833, à Orléans, contumax ; six condamnations, dont trois pour vol.

Chaussivert, né en 1846, à Autun, mécanicien, contumax : faillite à Autun le 25 février 1868 ; cinq ans de déportation, assises de la Seine le 15 avril 1872. soustraction frauduleuse ; évadé de Clairvaux le 4 octobre 1872.

Chauvin, né en 1826, à Paris, chiffonnier, banni : deux mois, Paris, 6 décembre 1843, vol; treize mois, Paris, 1er juin 1864, vol.

Chavenou, né en 1856, à Cueilly (Allier), employé, contumax : trois mois, Paris, 10 septembre 1866, complicité de vol avec recel.

Chavinier, né en 1837, à Champagnac (Cantal), cordonnier, déporté : cinq ans, Dreux, 7 mars 1864, et trois ans, Dreux, 26 septembre 1864, pour vol.

Cher, né en 1854, à Paris, lithographe, banni : quatre mois, 25 octobre 1870, pour vol; quatre mois, le 19 mars 1871, pour abus de confiance.

Chère, né à Courcelle (Côte-d'Or), tonnelier, déporté : quatre condamnations, rébellion, coups, abus de confiance, dont treize mois, Paris, 17 décembre 1869, pour vol (commué).

Chevalier, né en 1823, à Paris, marchand de vins, déporté : six jours, Paris, 5 août 1845, rébellion.

Chevreux, né en 1839, à Verdun, ébéniste, contumax : deux ans, conseil de guerre de Paris, 25 janvier 1871, abandon de son poste devant l'ennemi.

Chiappe, né en 1845, à Paris, serrurier, déporté : six mois, Paris, 11 avril 1868, tentative d'escroquerie, trois mois, 11 janvier 1869, vagabondage.

Chilly, femme Desjardins (Célestine-Eugénie), née en 1837, à Boutigny (Oise), déportée : trois mois, Clermont, 23 avril 1857, adultère.

Chiquet, né en 1840, à Paris, bijoutier en faux contumax : cinq ans, assises de la Seine, 31 mars 1859, vol.

Chollet, né en 1835, à Joigny, marchand de toiles, contumax : deux ans de correction à Joigny, le 28 janvier 1853, pour vol.

Choubrac, né en 1832, à Saint-Denis, employé à la salubrité, contumax : cinq ans de fer, conseil de guerre de Caen, 9 mars 1857, pour insultes et menaces.

Chouteau, né en 1834, peintre en bâtiments, contumax : quinze mois, le 13 février 1868, pour société secrète.

Cipriani, né en 1844, à Rimini (Italie), commis-voyageur, déporté : dix-huit mois et dix ans de surveillance, pour outrages à la pudeur.

Chrétien, né en 1822, à Saint-Justin-Chaussée (Oise), bonnetier, déporté : six mois, Clermont, 23 juin 1836, vol; quarante jours, id., 11 octobre 1845, vol; quatre mois, id., 19 juin 1868, outrage à la pudeur.

Clausse, né en 1842, à Belleville, brunisseur, déporté : en correction jusqu'à vingt ans, quatre condamnations pour vagabondage; quinze jours, le 4 mai 1864, pour vol; sept condamnations pour coups; trois ans, Grenoble, 19 mars 1868, vol.

Clément (J.-B.), né en 1847, à Paris, membre de la Commune, condamné à mort par contumace : trois condamnations pour délits politiques.

Clément (Émile), né en 1826, à Nangis, concierge, membre de la Commune, condamné à mort par contumace ; cinq ans, pour société secrète.

Cluzeret (Gustave), né en 1823, à Paris, général en chef de la Commune, condamné à mort par contumace : deux condamnations pour complots politiques.

Cœurderoy, né en 1832, à Sens, cafetier, saltimbanque et employé de commerce, condamné à mort par contumace : quatre condamnations, coups, faillite, dont trois ans le 12 décembre 1872 pour escroquerie (défaut).

Colas, né en 1852, à Plaine-Haute (Côtes-du-Nord), cordonnier, déporté : en correction jusqu'à vingt ans, après deux condamnations pour vol; un an et un jour, Saint-Nazaire, 23 septembre 1851, vol, etc.

Colin, né en 1842, à Nantes, contumax : vingt mois, Angers, 16 juillet 1866, vol.

Collard, né à Briancourt (Haute-Saône), journalier, déporté : treize condamnations, de quinze jours à treize mois, pour coups, bris de clôture, menaces de mort, abus de confiance; la dernière, du 22 janvier 1870, pour vol.

Collibert, né en 1844, à Putot-en-Bessin (Calvados), charron, déporté : correction, Caen, 16 janvier 1859, pour vol; cinq ans de réclusion, assises de l'Eure, 2 septembre 1864, comme incendiaire (commué).

Colonviller, né en 1832 à Fontenay-le-Comte (Seine-et-Oise), gazier, contumax : faillite, Paris, 10 avril 1869.

Combault, né à Tours, en 1837, bijoutier, contumax : trois condamnations de trois mois à cinq ans, pour délits politiques. C'est l'un des agitateurs les plus remuants et les plus écoutés de la Commune; il doit être gracié à cette heure.

Constant (Léopold-Tranquille), né en 1833, à Vitrolles (Bouches-du-Rhône), détenu : six mois, Marseille, 21 juillet 1863, escroquerie; quinze mois, Aix,

25 juillet 1866, escroquerie et abus de confiance (commué).

Constant (François), né en 1836, à Moutier-Malcart (Creuse), maçon, déporté : 28 février 1869, Paris, coups et blessures volontaires (commué).

Convert, né à Versailles en 1832, fondeur en cuivre, déporté : 22 janvier 1857, Paris, six mois, vol; 10 février 1858, id., quinze mois, vol.

Copréaux, né en 1812, à Paris, cordonnier, contumax : un an, cour d'assises de la Seine, 12 mai 1837, tentative de vol.

Coquey, né en 1841, à Châtillon (Seine), relieur, déporté : trois mois, Paris, 19 octobre 1863, tentative de vol; quinze mois, id., 19 novembre 1869, filouterie; quinze autres condamnations pour rupture de ban ou vagabondage.

Coquille, né en 1853, à Paris, tourneur : déporté : cinq condamnations pour vagabondage.

Corbière, né en 1852, à Issy, vidangeur, banni : huit jours, Paris, 16 mars 1870, vol (commué).

Cordesse, né en 1838, à Paris, couvreur, déporté : cinq fois, de un à six mois pour mendicité et outrages à la pudeur, la dernière le 4 février 1864 (commué).

Cornet, né en 1823, à Lubilhac (Haute-Loire), commissionnaire en charbon, contumax : vingt ans de travaux forcés (contumax), assises de Lyon, 12 mars 1869, faux; un an de prison, Paris, 15 janvier 1873, banqueroute.

Cornuez, né en 1819, à Versailles, sellier, déporté : six mois, Paris, 3 mars 1854, vol; treize mois, id., 19 juillet 1866, vol.

Cotty (Allain), né en 1829, à Plestin (Nord), manouvrier, déporté : cinq ans, Lyon, 18 août 1862, outrages à un officier.

Courot, né en 1832, à la Chapelle-Saint-André (Nièvre), menuisier, détenu : 20 jours, à Cosne, 18 mars 1867, banqueroute simple.

Coudray, né en 1849, à Saint-Coulon (Ille-et-Vilaine), laboureur, déporté : cinq ans, conseil de guerre, 5 janvier 1871, vol.

Coville, né en 1849, à Paris, journalier, déporté : trois mois, 17 janvier 1868, vol.

Crépin, né en 1844, à Saint-Horet (Puy-de-Dôme), marchand de vins, détention : dix condamnations, dont neuf pour vol, de treize mois à deux ans, la dernière du 27 mars 1871, à Paris.

Crespy, né en 1838, à Saint-Hippolyte (Gard), employé, contumax : six mois, Paris, 5 novembre 1867, vol.

Croset, né en 1851, à Thorens (Haute-Saône), journalier, banni : un an, Paris, 31 avril 1868, vol ; treize mois, id., le 22 novembre 1869, vol.

Cudennec, né en 1849, à Westin, militaire, détenu : six ans de réclusion, Saint-Brieuc, 16 juillet 1872, tentative de vol.

Cuzet, né à La Ciotat, détenu : trois ans, Saint-Dié, 28 mars 1873, société secrète.

Curié, né en 1840, à Clamart, mineur, déporté : quatre fois de six à quinze mois pour coups et escroqueries, plus deux mois : Fontainebleau, 7 mai 1869, pour vol.

Cuvillier, né en 1833, à Watismesnil, cordonnier, déporté : quatre condamnations de quarante jours à six mois, pour coups, blessures, violences, etc.

D

Daboville, né en 1845, à Paris, fumiste, déporté : six condamnations pour coups, rébellion, dont trois mois, le 6 mars 1858, pour bris de clôture.

Dacosta (Charles-Nicolas-Maurice), né en 1846, à Paris, correcteur d'imprimerie, détenu évadé : cinq condamnations toutes pour délits politiques.

Dacosta (Gustave-Pierre), né en 1850, à Paris, étudiant en droit, déporté : quinze jours en 1867 pour cris séditieux.

Dagincourt, né en 1817, à Versailles, marchand de confections pour dames, contumax : 6 mois, Paris, 16 mars 1872, pour arrestation illégale.

Darré, né en 1836, à Sancerre, serrurier, déporté : six ans de correction ; trois condamnations, dont un an, Paris, 5 septembre 1859, escroqueries.

Daltroff, né en 1846, à Paris, feuillagiste, déporté : en correction jusqu'à vingt ans, pour vol ; depuis, cinq fois condamné pour vol ; la dernière fois à deux ans, Paris, 12 décembre 1867 ; plus trois condamnations pour rupture de ban.

Daunay, né en 1832, à la Peyrotte (Deux-Sèvres), contumax : quatre condamnations pour escroqueries ;

la dernière, à dix-huit mois, Paris, 31 juillet 1869 ; deux faillites.

Dauphin, né à Paris, en 1832, journalier, déporté : cinq condamnations, dont un an à la Guyane, par conseil de guerre, pour abandon de son poste et fraude chez l'habitant; six mois à Paris, le 22 mai 1872, pour abus de confiance.

Dauzat, né en 1851, à Bordeaux, cordonnier, déporté : treize mois, Paris, 30 août 1860, vol; plus trois condamnations pour vagabondage.

David, né en 1835, à Thiville (Eure-et-Loir), entrepreneur de maçonnerie, déporté : 8 jours, Paris, 24 octobre 1864, pour coups.

Deboffe, né en 1846, à Paris, camionneur, déporté : six condamnations, dont quatre pour vol; la dernière, dix ans de travaux forcés par assises de Paris, le 5 septembre 1872.

Dechoquet, né en 1842, à Albois (Marne), terrassier, déporté : trois mois, Epernay, 14 août 1866, pour vol; deux autres condamnations pour coups et blessures.

Decaen, né en 1845, à Ruron-Fossé (Aisne), cordonnier, détenu : cinq ans, assises de Charleville, 26 juin 1865, vol qualifié.

Dechozie, né en 1821, à Paris, contumax : dix condamnations dont huit pour vol ou escroquerie, cinq ans de réclusion aux assises de la Seine, le 10 mai 1853, pour faux, etc.

Degênes, né en 1831, à Paris, journalier, déporté : neuf condamnations diverses, vagabondage, mendicité, rébellion, bris d'armes.

Degrincourt, né en 1837, à Cambrai, tailleur, déporté : en correction jusqu'à vingt ans; trois mois, Lille, 6 août 1853, pour filouterie et vol.

Dehaeck, né en 1830, à Ungles (Vienne), graveur sur bois, déporté : six mois, Paris, 15 décembre 1849, vol.

Dehenne, né en 1847, à Paris, cordonnier, déporté : quatre fois, dont une fois pour vol, Paris, le 4 décembre 1865 (commué).

Delabove, chapelier, condamné à mort par contumace : deux fois pour outrages.

Delair, né en 1851, à Paris, fumiste, déporté : deux fois pour rébellion et outrages (commué).

Delandre, né en 1847, à Paris, afficheur, déporté : trois ans en neuf condamnations pour vagabondage (commué).

Delannoy, né en 1853, à Paris, journalier, déporté : six condamnations pour vagabondage et mendicité dont le total est de vingt-six mois; à Nouméa, condamné aux travaux forcés à perpétuité pour homicide.

Delaunay, né en 1834, à Moussy-le-Neuf (Seine-et-Marne), journalier, déporté : sept condamnations, dont quatre pour vol, abus de confiance et complicité de vol, la dernière à trois ans, Paris, le 24 septembre 1870.

Delauri, né en 1834, à Luré (Mayenne), charretier, détenu : quatre condamnations, de deux mois à cinq ans, pour vol, la dernière aux assises d'Angers, cinq ans de travaux forcés, le 9 décembre 1852.

Delenne, né en 1846, à Paris, prison : sept condamnations pour vol, à Paris, dont la dernière à treize mois, août 1876.

Delles, né en 1840, à Reding (Moselle), tailleur de limes, contumace : six jours, Paris, 18 janvier 1871, vol.

Delmas, né en 1846, à Paris, cordonnier, déporté : six mois, Marseille, 20 février 1865, vol; quatre ans et cinq ans de surveillance, id., le 23 mai 1866, pour vol (commué).

Delong, né en 1835, à Bertrichamps (Meurthe), graveur, déporté : trois condamnations, dont quatre ans, assises de Versailles, 12 février 1855, pour vol.

Demange, né en 1837, à Mailly (Meurthe), ébéniste, déporté : cinq condamnations, dont trois pour vol, l'une à quinze mois et cinq ans de surveillance, à Paris, 7 janvier 1864.

Denis, né à Blenod-lès-Toul, en 1837, tonnelier, déporté : six mois, conseil de guerre de Brest, 4 août 1859, vols; treize mois, Corbeil, 11 octobre 1872, escroqueries.

Denis (Louis-Maurice), né à Paris, en 1840, cuisinier, déporté : cinq condamnations, dont deux pour vol, la dernière à Paris, 20 décembre 1869.

Derigny, né en 1832, à Dun-le-Roi (Cher), marchand de chaussures, contumax : deux faillites, deux ans, Paris, 25 avril 1874, banqueroute simple et abus de confiance (défaut).

Dereure, né en 1838, à La Palisse (Allier), cordonnier, membre de la Commune, condamné à mort par contumace : trois fois pour délits politiques.

Déro, né en 1843, à Bayonne, tailleur, déporté :

huit condamnations pour vagabondage, plus cinq mois, Paris, 23 janvier 1872, escroqueries.

Dervier, né en 1835, à Paris, peintre décorateur, banni : treize mois, Paris, 19 juillet 1856, vol; six mois, id., 6 juillet 1859, vol.

Deschamps, né en 1844, à Paris, journalier, déporté : deux mois, Paris, 18 juin 1864, vol; 6 mois, id., 24 mai 1866, vol.

Descoins, né en 1851, à Boulogne-sur-Seine, bijoutier, déporté : cinq condamnations de 15 jours à trois mois pour vagabondage.

Deslandes, né en 1844, à Paris, tourneur-repousseur, déporté évadé; 1 mois, Paris, 21 octobre 1864, rébellion.

Desmarets, né en 1829, à Rouen, journalier, déporté : quatorze condamnations, dont trois pour vol et abus de confiance.

Desmoulins, né en 1835, à Ille-lès-Vilnoy (Seine-et-Oise), manouvrier, banni : huit mois, Melun, 8 octobre 1852, outrages à la pudeur.

Dessaint, né en 1836, à Longueval (Ain), limonadier, déporté : 3 mois, Paris, 5 août 1870, abus de confiance.

Desvages, né en 1827, à Mesnil (Manche), comptable, contumax, un an, Paris, 6 novembre 1872, abus de confiance (défaut).

Diard, né en 1849, à Paris, corroyeur, déporté : un mois, Paris, 10 juillet 1863 ; outrages.

Dick dit Guenguen, né en 1841, à Paris, sellier, à mort par contumace : cinq ans, conseil de guerre de

Mexico, 7 août 1863, pour outrages envers son supérieur.

Diot, né en 1846, à Thiais (Seine), maçon, banni : un mois, Paris, 7 août 1865, coups.

Dodot, né en 1839, à Paris, artilleur, contumax : quatre mois, Paris, 28 avril 1870, vol.

Doudelinger, né en 1814, à Paris, couvreur, déporté : six condamnations, dont trois pour vols, la dernière à treize mois et cinq ans de surveillance, cour de Paris, le 16 mai 1866.

Doublet, né en 1832, à Beaumont (Somme), journalier, déporté : trois condamnations pour vol et abus de confiance, plus cinq ans de travaux forcés par le conseil de guerre de Nouméa, le 1er mai 1874, pour vols.

Douillet, né en 1844, à Paris, menuisier, déporté : trois mois, Paris, 4 décembre 1863, escroqueries ; deux mois, 10 novembre 1864, même motif (commué.)

Dréard, né en 1835, à Marqueny (Ardennes), comptable, déporté : deux ans, conseil de guerre de Paris, 20 mai 1863, escroquerie et abus de confiance, privé, par décret, de la médaille militaire (commué.)

Dubos, né en 1846, à Jouy (Eure), journalier, déporté : six fois, vagabondage, rupture de ban, dont cinq ans de correction, Rouen, 8 décembre 1851, pour vol et mendicité (commué).

Drouhaint ou **Drouchaint** né en 1839, à Dijon, cordonnier, banni : trois condamnations de un à huit ans, par conseils de guerre, pour bris d'armes, coups et refus d'obéissance.

Dubois, né en 1835, à Paris, charretier, porteur aux Halles, contumace, cinq condamnations, dont treize mois, Paris, 27 janvier 1863, vol.

Dubost, né en 1835, à Aubusson, contumax : six jours, Paris, 12 novembre 1868, détournement d'obligations.

Dubreuil, né en 1839, à Evreux, fumiste, déporté : quatre fois pour outrages et deux mois le 21 juillet 1870 pour coups, (commué).

Dubusse, né en 1843, à Tournay (Belgique), tapissier, contumax : un an, Paris, 21 décembre 1872, abus de confiance, défaut.

Duchatel, né en 1851, à Neuchâtel (Seine-Inférieure), journalier, déporté : un mois, Paris, 10 août 1867, vol ; un an et un jour, La Rochelle, 1er juillet 1869, escroquerie.

Duchaussoy, né en 1826, à Vanves, culottier, déporté ; six mois, conseil de guerre de Metz, 11 avril 1854, vol ; un an, conseil de guerre de Metz, 28 mars 1859, vol.

Dufaud, né en 1840, à Saint-Sulpice (Creuse), maçon, déporté ; quatre mois, Paris, 13 janvier 1866, vol ; six mois, Paris, 12 juin 1868, vol.

Duflos, né en 1840, à Bapaume, serrurier, déporté ; trois mois, Paris, 3 novembre 1863, vol (commué).

Dufour, né en 1847, à Chartres, serrurier, déporté ; onze condamnations dont cinq pour délits de chasse et deux pour vols ; quatre mois, Paris, 16 avril 1869 et un mois, Versailles, le 30 décembre 1869 (commué).

Dunand, né en 1847, à Paris, journalier, déporté; deux ans, Cherbourg, 20 juillet 1865, vol qualifié.

Dupain, né en 1833, à Gentilly, mécanicien, contumax; deux ans, conseil de guerre de Brest, 1856, vol; quatre mois, Paris, 13 mars 1868, vols.

Dupinet, né en 1838, à la Chapelle-Moche (Orne), tailleur de cristaux, contumax; cinq condamnations de six mois à cinq ans pour vol; la dernière à Paris, le 26 février 1863.

Dupont (Clovis), né en 1830, à Neufmaison (Aisne), vannier, membre de la Commune, déporté; six jours, Versailles, 7 décembre 1859, outrages (commué).

Dupont (Auguste), né en 1841, à Saint-Thomas (Charente-Inférieure), employé, membre de la Commune, banni, rapatrié par la *Seudre*; délits politiques. — A été gracié le mois dernier.

Durand, dit Gareta, né en 1836, à Latour (Pyrénées-Orientales), propriétaire, contumax; condamné à Prades, le 18 avril 1870, pour diffamation publique.

Durand (François), né en 1840, à Seurre (Côte-d'Or), cuisinier, déporté; trois ans, Paris, 11 juillet 1862, vol et faux.

Dupuy, né en 1838, à Vannes, tailleur, déporté; cinq ans de réclusion, dix ans de surveillance, par le conseil de guerre de Nouméa, le 8 janvier 1875, vol qualifié.

Duron, né en 1838, à Toulouse, ex-militaire, déporté; sept condamnations, pour désertion, vente d'effets, abus de confiance, coups; l'une à huit ans de travaux forcés par assises de la Seine, le 10 février 1873, pour vol.

Dussort, né en 1850, à Blois, soldat, déporté ; treize mois, Paris, 27 juillet 1871, vol.

Dutaque, né en 1834, à Evry-Saint-Pierre (Seine-et-Oise), chapelier, déporté ; quatre condamnations pour vol, la dernière en appel, à Melun, six mois le 24 octobre 1851 ; sept autres condamnations pour vagabondage et coups.

Dutil, né en 1831, à Dunkerque, tourneur sur nacre, déporté : six condamnations, dont quatre ans, assises de Douai, 26 novembre 1863, pour attentat à la pudeur (commué).

Duval, né en 1840, à Paris, fondeur en fer, colonel insurgé, contumax : deux fois à deux et quatre mois, pour délits politiques.

Duveau, né en 1828, à Bouessay (Mayenne), journalier, déporté ; deux ans, conseil de guerre de Paris, 5 juin 1871, vol ; deux autres condamnations pour escroquerie et vagabondage.

Duverteuil, né en 1849, à Roanne, tourneur sur bois, déporté : sept condamnations, dont cinq pour vol ; la dernière à un an et un jour de prison, le 21 août 1866.

E

Eck, né en 1843, à Ensisheim (Haut-Rhin), mécanicien, contumax : un an, Paris, 10 mai 1872, vol (défaut).

Edat, né en 1854, à Châlons-sur-Marne, potier

d'étain, déporté : quatre fois de dix jours à deux mois pour vagabondage.

Eloffe, né à Vesoul en 1831, serrurier-mécanicien, contumax ; deux ans de prison, conseil de guerre de Besançon, 3 novembre 1860, pour vol.

Eloi, né en 1844, à Paris, cordonnier, déporté : 6 mois, Paris, 5 mars 1864, tentative de vol (commué).

Esbille, né en 1845, à Saint-Hilaire (Nord), chaisier, déporté : un mois et cinq ans de surveillance, Nouméa, 5 octobre 1875, outrages.

Escoffier, né à Paris, en 1846, maréchal ferrant, déporté : neuf condamnations de un à quatre mois, pour vagabondage (commué).

Etienne, né en 1851, à Lille-sur-Deules (Doubs), relieur, déporté : neuf condamnations dont huit pour vol, la dernière à cinq ans, et cinq ans de surveillance, Paris, le 25 juillet 1872.

Eudes (Émile-François, dit Deschamps), né en 1843, à Rencey (Manche), étudiant en pharmacie, contumax : délits politiques ; condamné à mort pour l'affaire des pompiers de la Villette, et amnistié le 5 septembre 1870, membre de la Commune.

Eve, né en 1845, à Paris, mécanicien, déporté : trois ans, assises de la Seine, le 18 avril 1865, vol et soustractions frauduleuses (commué).

Ewigth, né en 1836, à La Bussière (Loiret), cuisinier, déporté : sept condamnations, dont quatre pour vol, la dernière à Paris, le 24 décembre 1869 (commué).

Expert, né en 1830, à Bordeaux, cordonnier, déporté : quatre mois, Bordeaux, 22 mai 1855, vol ; cinq ans, assises de la Gironde, le 1ᵒʳ septembre 1857, vol (commué).

F

Farrouch, né en 1831, à Montpellier, garçon d'hôtel, déporté : huit condamnations, dont six mois, Paris, 28 février 1867, pour abus de confiance, et cinq ans, Paris, 15 décembre 1875, pour immixtion dans les fonctions publiques (commué).

Faucher, né en 1831, à Niort, sellier, déporté : trois fois, de six mois à un an, pour dissipation et vente d'effets militaires.

Fassyn, né en 1849, à Gand, mécanicien, déporté : trois condamnations pour vol, la dernière, trois ans, assises de la Seine, le 15 mars 1867.

Faure, né en 1837, à Lyon, *rentier* (!), déporté : quinze mois, Quimper, 6 juin 1868, vol et escroquerie.

Fauveau, né en 1846, à Paris, jardinier, déporté : cinq ans de réclusion; assises de Versailles, 22 juillet 1872, vol qualifié ; plus cinq ans de prison, à Nouméa, le 21 octobre 1873, pour vol.

Favée, né en 1842, à Paris, journalier, déporté : huit condamnations, dont cinq pour vol, la dernière à six mois, Paris, le 4 novembre 1869.

Fayon, qui portait cinq surnoms, né en 1842, à Montigny-sur-Chiers (Moselle), ingénieur-dessinaeur, déporté : cinq condamnations, dont deux pour vol qualifié ; la dernière à dix ans de travaux forcés, en cour d'assises de la Seine, le 19 novembre 1873.

Fayssat, né en 1830, à Faux (Creuse), maçon, déporté : trois fois pour vol ; la dernière cinq ans et cinq ans de surveillance, Guéret, le 2 mars 1855.

Fénix, né en 1837, à Aubonne (Doubs), camionneur, contumax : quatre condamnations pour vol, dont trois ans le 11 février 1871, à Paris.

Ferlat, né en 1852, à Chasselay (Rhône), limonadier, banni : un mois, Paris, 16 juin 1870, attroupement.

Feuillette, né en 1828, à Becquigny (Somme), coupeur de chaussures, banni : trois mois, 9 juin 1869, délit politique.

Filleul, né à Ivry, en 1851, serrurier, déporté : six mois, 2 septembre 1869, coups et blessures ; deux mois, 16 juin 1870, vol ; dix ans travaux forcés le 3 octobre 1876, à Nouméa, pour coups et blessures.

Fieffé, né en 1843, à Paris, tapissier, banni : deux condamnations pour vol, dont six mois, Chalon-sur-Saône, le 23 octobre 1868.

Filleau de Saint-Hilaire, né en 1834, à Lorient, homme de lettres, déporté : cinq ans, par le conseil de guerre de Lyon, le 22 juillet 1861, pour escroquerie.

Fillet, né en 1836, à Saint-Maur (Seine), maçon, banni : trois ans, assises de la Seine, 26 août 1861, vol.

Flajollet, adjudant au 4° zouaves de marche, contumax : cinq ans de prison par conseil de guerre de Mexico, 31 décembre 1863, pour faux.

Fleury, né en 1848, à Graville (Seine-Inférieure), ex-sergent au 108ᵉ de ligne, déporté : trois ans, par conseil de guerre de Paris, 30 novembre 1870, pour dissipation de fonds.

Flick, né en 1843, à Paris, ex-soldat, déporté : trois condamnations de un an à treize mois, pour vol; deux ans, à Saint-Pons, le 11 juin 1868, pour falsification de livret.

Foissardet, né en 1834, à Paris, tailleur, déporté : dix-neuf condamnations, variant de quinze jours à deux ans, pour vagabondage (commué).

Fontaine, né en 1829, à Paris, journalier, banni : quinze jours, Paris, 21 février 1869, vol; six mois, 10 mai 1869, vol.

Force, né en 1840, à Paris, feuillagiste, déporté : deux ans, cour d'appel, 27 janvier 1872, pour vol.

Forest, né en 1841, à Solesmes (Nord), serrurier en bâtiments, déporté : un an et un jour, Cambrai, 1ᵉʳ juin 1864, escroquerie.

Fortier, né en 1823, à Lenwy, chiffonnier, prison : quatre condamnations, dont un mois, Paris, 29 octobre 1866 pour vol; a fini son temps de prison, mais resté sous la surveillance de la haute police.

Fortin, dit Mathieu, né en 1846, à Brulou (Sarthe), feuillagiste, déporté : délits politiques et quinze jours, Paris, 29 mai 1869, pour outrages aux agents (commué).

Fouillet, né en 1849, à Boulogne-sur-Mer, journalier, déporté : 3 fois pour vagabondage et six mois, Paris, 17 juillet 1866, pour tentative de vol (commué).

Fouloi, né à Paris, en 1845, menuisier, déporté : trois condamnations pour vol, dont treize mois à Paris, le 30 novembre 1865.

Fouque, né en 1849, à Paris, soldat déserteur, banni : un mois, Paris, 15 novembre 1869, vagabondage.

Fouquet, né en 1847, à Péronne, tourneur sur bois, déporté : trois condamnations pour vol, dont huit mois, Paris, le 24 février 1870.

Fourestier, né en 1840, à Rillé (Indre-et-Loire), tailleur de pierres, déporté : un mois, Angers, 28 juillet 1865, vagabondage ; deux ans, conseil de guerre, Brest, 14 septembre 1866, désertion (commué).

Fournier (Emile-Louis), né en 1840, à Paris, peintre en bâtiments, déporté : cinquante et un mois en treize fois pour vagabondage, plus quatre mois le 14 juin 1866 et quatre mois le 15 mai 1869 pour vols (commué).

Fournier (Marie-Julie), femme Constant, née à Moutier-Malcart, couturière, déportée : Paris, 25 février 1869, injures et diffamation (commuée).

Fourny, né en 1840, à Reims, employé de commerce, déporté : deux fois pour vagabondage et outrage aux agents.

Fousse, né en 1848, à Aulnay-lès-Bondy (Seine-et-Oise), journalier, déporté : trois fois de un à quatre mois pour vols, la dernière le 10 juin 1869 (commué).

Foyard, né en 1820, à Haillecourt (Pas-de-Calais), chanteur, contumax : quatre condamnations, dont trois pour vol, et quinze mois à Paris, 12 février 1868, pour soustraction frauduleuse.

Frenette, né en 1840, à Langres, tanneur, déporté : quatre fois pour vagabondage et outrages; cinq ans de travaux publics, le 12 mai 1861, par conseil de guerre pour menaces à un supérieur.

Frettard, né en 1851, à Sainte-Tauburge, cordonnier, déporté : quatre mois, 27 mai 1868, vol; trois mois, 29 décembre 1869, pour complicité de vol.

Frigaux, né en 1848, à Condé-sur-Noireau (Calvados), cuisinier, déporté : quatre condamnations pour vol, dont quatre mois, Paris, 13 juillet 1870.

Froger, né en 1863, à Notre-Dame-de-Fresnoy (Calvados), maçon, déporté : treize mois, assises de l'Orne, 6 juillet 1861, vol qualifié; treize mois à Lisieux, le 12 juillet 1864 pour vol (commué).

Fusier, né en 1833, à Épinal, marchand de vins, déporté ; quatre condamnations pour vol, dont deux ans, Paris, 8 juillet 1865.

G

Gambon (Charles-Ferdinand), né en 1820, à Bourges, avocat, membre de la Commune, qui sous l'Empire avait conquis une célébrité sous le surnom de l'*Homme à la vache*, contumace : déportation, assises de Versailles, haute cour, 13 septembre 1849, plus deux condamnations pour délits politiques.

Gallerand, né en 1845, à Orléans, imprimeur, déporté : trois condamnations pour vol et abus de confiance, dont treize mois, à Orléans, le 10 juillet 1869.

Garoche, né en 1838, à Saint-Mihiel (Meuse), cordonnier, déporté : six condamnations, dont trois pour vol, la dernière à dix-huit mois, le 26 avril 1867.

Garzend, né en 1847, à Beaufort (Savoie), employé, contumax : dix ans de réclusion par conseil de guerre, Rennes, 18 février 1868, vol ; deux ans prison par conseil de guerre, Metz, 15 mai 1869, désertion.

Gaspard, né en 1836, à Versailles, fabricant d'équipements militaires, déporté : trois mois, Paris, 10 avril 1856, vol.

Gauthier (femme), née Jacques, en 1820, à Briare, cuisinière, déportée : deux condamnations pour vol, dont six mois, Paris, 21 mars 1854.

Gayral, né en 1841, à Milhau, mégissier, déporté : trois mois, Milhau, 19 août 1868, vol.

Genevois, né en 1827, à Dannemarie (Seine-et-Marne), courtier, déporté : dix ans de réclusion par conseil de guerre de Constantinople, le 28 février 1855, pour vol et complicité de vol (commué).

Gentelet, né en 1835, à Bourg, corroyeur, déporté : trois mois, Paris, 20 janvier 1865, vol (commué).

Gentil, né en 1835, à Reims, marchand d'habits, contumax : deux mois, Basse-Terre, 19 février 1858, vol.

Georges, né en 1841, à Paris, journalier, déporté :

quatre condamnations de quinze jours à trois mois pour vagabondage, rébellion, coups et blessures, rupture de ban : la dernière du 20 novembre 1870.

Gérard, né en 1853, à Grenant (Haute-Marne), tailleur de pierres, déporté : cinq condamnations, dont deux mois, Dôle, 1er mars 1870, et un mois, Paris, 24 novembre 1871, pour vol.

Gérôme, né en 1837, à Porcelette (Moselle), canneleur, banni : quatre condamnations diverses de quinze jours à deux ans, pour rébellion et coups, plus huit jours, Paris, 29 septembre 1859, pour vol.

Giffault (Emile), né en 1850, à Paris, géographe, déporté, puis banni, rapatrié par la *Creuse*, grâcié depuis peu : dix jours, Paris, 6 mai 1870, port d'armes prohibées.

Giles, né en 1815, à Saint-Fortunat (Ardèche), condamné à mort par contumace ; — le bruit de sa mort a couru : faillite, Paris, 18 février 1868 ; quinze jours le 6 mai 1862 pour banqueroute.

Gilman, né en 1854, à Paris, doreur, déporté : six condamnations dont trois pour vol, les dernières sont six mois, Paris, le 7 septembre 1870 et cinq ans de réclusion à Nouméa, du 4 avril 1873, pour vol.

Girard ou **Gérard** (Léon), né en 1835, à Assais (Deux-Sèvres), logeur, contumax : un an, Paris, 21 janvier 1873, usage d'un faux passeport.

Girard, né en 1842, à Ferrières (Seine-et-Marne), cultivateur, déporté : six mois, Alger, 15 mai 1869, pour filouterie ; deux autres condamnations pour vente d'effets et outrages publics à la pudeur.

Giraud, né en 1845, à Lyon, jardinier, déporté : neuf condamnations dont deux pour vols, la dernière, six mois, à Lyon, est du 15 février 1870.

Girin, né en 1841, à Paris, marchand forain, déporté : trois fois pour injures, coups et colportage, plus trois mois, Paris, 26 février 1857 et six mois le 7 septembre 1859, pour vol (commué).

Gobin, né en 1822, à Gamache (Vendée), serrurier, déporté : Paris, le 14 juillet 1860, pour coups.

Goethals, né en 1823, à Gand, tailleur, banni : dix ans de travaux forcés, assises du Nord, le 12 novembre 1868, pour faux.

Gois (Emile), colonel fédéré, condamné à mort par contumace : trois mois, Châtillon-sur-Seine, 10 juin 1858, homicide involontaire.

Got, né en 1817, à Metz, tailleur de pierres, contumax : six jours, Paris, 8 mars 1870, abus de confiance.

Goullé (Armand), journaliste, né à Darnetal, en 1844, contumax : un mois en 1870, délit de presse.

Grappin, né en 1847, à Auxerre, marchand de vins, banni : quatre fois de un à trois mois, pour vagabondage, coups et rebellion ; dernière, Paris, 9 janvier 1870.

Grenet, né en 1829, à Laumeau (Charente), comptable, déporté : cinq ans de travaux forcés, Paris 21 mai 1851, pour désertion à l'intérieur.

Gouget, né en 1837, à Paris, journalier, déporté trois condamnations pour vol, dont six mois, Paris 4 août 1868.

Gournay (de) né à Guibberville (Manche), palefrenier, contumax : trois condamnations pour vol dont la dernière est du 3 mars 1869.

Gras, né en 1842, à Pont-du-Château (Puy-de-Dôme), cordonnier, banni : trois condamnations, don quatre mois, Paris, le 21 août 1869, escroquerie.

Greff, né en 1840, à Isplin (Moselle), journalier déporté : cinq condamnations, dont un an à Paris, l 12 avril 1859, pour abus de confiance, et quatre mois le 20 juillet 1860, pour vol.

Gretin, né en 1839, à Paris, serrurier, banni trois condamnations, dont deux pour vol, notamment trois mois le 19 juillet 1870.

Grillot, né en 1844, à Paris, brossier, déporté : cinq condamnations, dont six mois le 6 décembre 1861, pour vol.

Grolard (Etienne), scieur de long, membre du Comité central, condamné à mort par contumace : deux condamnations pour transport illicite de gibier.

Grousset (Paschal), né en 1844, à Corte, journaliste, membre de la Commune, et délégué aux affaires étrangères, déporté : s'est évadé avec Jourde et

Rochefort : trois condamnations, pour délits politiques.

Gueyral, né en 1841, à Milhau (Aveyron), mégissier, déporté : trois fois, dont trois mois, Milhau, le 19 avril 1858, pour vol de récoltes (commué).

Guilbert, né en 1850, à Paris, journalier, déporté : quatre condamnations pour vols ; la dernière du 21 janvier 1870, à quinze mois.

Guillermitte, né en 1831, à Saint-Carradec (Côtes-du-Nord), forgeron, banni : sept condamnations, dont trois mois à Paris, le 21 juillet 1866, pour vol.

Guillot, né en 1834, à Cercié (Rhône), marchand de futailles, banni : six jours de prison, le 26 mai 1864, pour falsification de boissons.

Guinéry, né en 1835, à Boulogne-sur-Seine, maçon, déporté : cinq condamnations, dont trois pour vol ; la dernière de treize mois, le 23 janvier 1869.

H

Hadancourt, né en 1828, à Paris, photographe, déporté : six jours à Cherbourg, le 27 juin 1863, pour vol.

Hamzen ou **Haussen,** né en 1855, à Paris, étameur, détenu : deux ans de correction, Paris, 15 décembre 1868, pour vol.

Hanzer, né en 1835, à Besançon, peintre en lettres,

déporté : deux fois, 7 novembre 1855 et 7 août 1869 pour coups et injures.

Harenger, né en 1838, à Montdidier, cordonnier banni : quatre mois, Paris, 25 juillet 1867, vol

Hardy, né en 1851, à Paris, cordonnier, déporté six mois, 17 janvier 1870, vol.

Harters, né en 1845, à Paris, chiffonnier, déporté un an, Paris, 22 janvier 1865, pour vol.

Hattier, né en 1847, à Ville-Thierry (Yonne) journalier, déporté : quinze mois à Provins, le 21 juin 1871, pour vol (défaut).

Hersan, né en 1837, à Saint-Denis, journalier, déporté : six mois, 25 avril 1856, pour vol.

Hézard, né en 1842, à Vézet (Haute-Saône), charretier, contumax : onze condamnations, dont six pour vol, depuis un mois jusqu'à un an de prison.

Héloin, né en 1848, à Paris, journalier, déporté : trois fois, à Paris, de un à six mois, pour vol; à Nouméa, deux ans, le 29 mai 1874, pour vol.

Hénault, né en 1841, à Paris, acteur, banni : quinze jours, Saumur, 4 août 1865, abus de confiance; quinze jours, Falaise, 21 février 1868, idem.

Henry (Fortuné), né en 1821, à Nîmes, maroquinier, membre de la Commune, condamné à mort par contumace : à Carcassonne, 15 juin 1861, pour outrages à un particulier.

Heuzé ou **Heusé**, né en 1845, à Paris, ingénieur civil, contumax : un an, Paris, 20 novembre 1867, pour outrages.

Hosserchick, né en 1841, à Fontaine (Aube), corroyeur, banni : quinze jours, Bar-sur-Aube, 27 octobre 1866, abus de confiance.

Houdain, né en 1837, à Flers (Nord), homme de peine, banni : un mois, Paris, 3 avril 1862, vagabondage.

Huet, né en 1852, à Paris, vidangeur, déporté : six fois de quinze jours à trois mois, pour vagabondage, outrages, rébellion, la dernière le 14 juin 1872.

Homère, né en 1852, à Paris, employé de commerce, déporté : cinq condamnations, dont six mois le 19 mars 1869, pour vol.

Houet, né en 1831, à Paris, chapelier, déporté : dix jours, 18 juillet 1849, pour abus de confiance.

Humbert (Auguste-Victor), né en 1839, à Fontenay (Vosges), garçon boucher, déporté : six mois, Marseille, 25 mars 1870, pour abus de confiance.

Humbert (Joseph), né en 1838, à Nancy, charretier, déporté : un mois, conseil de guerre de Lyon, 11 mai 1859, filouterie; deux mois, Paris, 14 octobre 1865, recel (commué).

Hurez, né en 1841, à Coudry (Nord), teinturier, déporté : neuf condamnations diverses, dont un an, Saint-Quentin, 17 janvier 1861, et quinze mois, Paris, 6 juillet 1864, pour vol (commué).

I

Iches, né à Poissy, en 1852, corroyeur, banni trois mois, Paris, 16 octobre 1869, vol.

Imbert, né en 1828, à la Rouquette (Dordogne) perruquier, déporté : trois mois, 11 nov. 1873, v...

J

Jacquet, né en 1838, à Morancey (Eure-et-Loir) garçon de café, déporté : quinze jours, Paris, 16 septembre 1869, coups.

Jamet, né en 1842, à Paris, porteur de farin... banni : dix jours, Paris, 24 mars 1866, pour coup...

Jammet, né en 1831, à Bruxelles, éditeur, déport... deux fois pour coups et délits de chasse; failli... Paris, 27 mai 1870.

Jardin, né en 1849, à Paris, cloutier, déporté douze condamnations diverses, de quinze jours quatre mois, mendicité et rupture de ban.

Jeais, né en 1849, à Saint-Chinian (Hérault) banni : un an, Paris, 28 février 1867, vol.

Joly, né en 1848, à Paris, fumiste, déporté quatre condamnations de deux à quinze mois po... vol, la dernière, à Paris, du 9 janvier 1869.

Jeanton, né en 1842, à Lyon, passementier, co... tumax : deux ans, Paris, 29 janvier 1874, pour abu... de confiance (défaut).

Johannard, né en 1843, à Beaune (Côte-d'Or), placier en fleurs, membre de la Commune, condamné à mort par contumace : un an, Paris, 9 juillet 1870, société secrète.

Jolia, né en 1845, à Chambon-Sainte-Croix (Loiret), ex-capitaine au 35ᵉ de ligne, contumax : cinq ans travaux publics, Paris, 15 décembre 1870, abus de confiance.

Josset, né en 1843, à Cherbourg, maçon, banni : trois fois pour blessures volontaires, outrages et rébellion.

L

Labourot, né en 1849, à Chars (Seine-et-Oise), tabletier, déporté : quatre condamnations de six jours à quatre mois pour vol, la dernière, Pontoise, le 10 août 1870.

Labrunière de Médicis, né en 1832, à Paris, tailleur, banni : trois mois, Paris, 5 septembre 1866, attentat aux mœurs.

Lacatte, né en 1828, à Maraseur-Bourg (Ardennes), papetier, membre du Comité central, banni, rapatrié par la *Creuse* : 10 jours, Paris, 10 mai 1870, délit politique.

Lacord, né à Vierzon-Village (Cher), membre du Comité central, contumax : six mois, le 1ᵉʳ juin 1870, délit politique.

Lacorre, né en 1832, à Saint-Jacques (Calvados),

id. contumax : un mois, Brest, 6 décembre 1854 ; dix-huit mois, 26 juin 1858.

Lafarge, né en 1835, à Salers (Cantal), doreur sur métaux, détenu : quatre condamnations pour vols, dont deux ans, Paris, 8 mai 1867, vol qualifié.

Lagareste, né en 1852, à Bayonne, domestique, déporté : deux ans, assises de la Seine, 3 mai 1869, vol qualifié.

Lagelée, né en 1846, à Laroche-Millay (Nièvre), artilleur, banni : six mois, Château-Chinon, 24 janvier 1863, vol.

Lamarche, né en 1833, à Etape (Aube), charpentier, contumax : un mois, Nantes, 11 octobre 1861, abus de confiance.

Lambert (Auguste-Clément), né en 1841, à Aire (Pas-de-Calais), terrassier, détenu, dix condamnations de un à quinze mois, dont neuf pour vols, la dernière à Béthune, le 10 mai 1871.

Lambert (Isaac), né en 1836, à Reims, agent de remplacements militaires, contumax : 1 mois, Reims, 21 janvier 1860, rébellion.

Lambert (J.-B.), né en 1837, à Soubernon (Côte-d'Or), menuisier, déporté : quatre mois, Paris, 3 décembre 1863, vol (commué).

Lambotte, né en 1836, à Pierrepont (Moselle), employé, déporté : dix mois, Paris, 16 mai 1867, attentat aux mœurs.

Lancelle, né en 1851, à Paris, typographe, déporté : en correction jusqu'à dix-huit ans pour vagabondage.

Landry, né en 1837, à Paris, porteur aux halles, déporté : neuf condamnations de six à quinze mois, vagabondage, mendicité, dont quinze mois et cinq ans de surveillance, le 19 octobre 1869, vol.

Langevin,, né en 1843, à Bordeaux, mécanicien, membre de la Commune, contumax : trois mois, Paris, 7 juillet 1870, association illicite.

Langlais, né en 1829, à Paris, appareilleur maçon, à mort par contumace : un mois à Toulouse, 1848, pour désertion et un mois à Paris, 1864, pour injures.

Langlais (Edouard), né en 1839, à Mamers (Sarthe), garçon boucher, déporté : 8 mois et quatre condamnations pour braconnage ou délits de chasse.

Langlois, né en 1848, à Toulouse, peintre, déporté : dix ans de travaux forcés, assises de la Seine, le 27 juin 1872, pour vol et falsifications de livres.

Langlois (Laurent), né en 1828, à Paris, journalier, déporté : quatre fois de quinze jours à six mois pour mendicité et vagabondage.

Larmier, né en 1823, à Gendrey (Jura), contumax : trois fois pour délits politiques.

Latappy, né en 1833, à Nice, capitaine au long cours, contumax : deux ans, Paris, 24 octobre 1872, abus de confiance (défaut).

Laubin, né en 1831, à Saint-Denis, journalier, déporté : deux fois six mois pour vol, la dernière, Paris, 13 août 1853.

Laurent (François-Édouard), né en 1825, à Rouen,

employé, déporté : cinq fois pour escroquerie et abus de confiance, la dernière à deux ans, Paris, 9 juillet 1873 (commué).

Laurent (Maurice), né à Langueillaunet (Oise), mécanicien, contumax : trois mois, Paris, 5 avril 1870, vol.

Lavenir, né en 1830, à la Chapelle (Saône-et-Loire), tonnelier, déporté : quinze mois, Paris, 21 juillet 1863; escroquerie; huit mois, 4 décembre 1866, vol.

Laville, né en 1848, à Longjumeau (Seine-et-Oise), journalier, banni : quinze jours, Blois, 6 décembre 1869, bris de clôture ; trois mois, Paris, 23 juillet 1870, abus de confiance.

Leblanc (Félix), né en 1844, à Paris, ingénieur, déporté : deux mois, juillet 1870, Internationale.

Leblanc, né en 1859, à Vernon, épicier, déporté : trois condamnations de deux à quatre mois, pour vol, la dernière, à Paris, 27 janvier 1870.

Leclercq, né en 1844, à Beauvais, marchand de vins, déporté : quatre condamnations, vol et coups; un an, Paris, 5 décembre 1863, abus de confiance.

Lecomte, né en 1849, à Essonnes (Seine-et-Oise), tondeur de chevaux, déporté : quatre fois pour vol, dont treize mois, Corbeil, 29 janvier 1869 (commué).

Leduc, né en 1836, à Chennevières (Seine-et-Oise), bijoutier, contumax : un an, Paris, 26 juin 1860, escroquerie.

efrançais, né en 1824, à Angers, journaliste, nbre de la Commune, à mort par contumace : s mois, à Paris, en 1850, et six jours, à Dijon, en 1, pour détention ou port d'armes prohibées.

efèvre, né en 1843, à Neufchâtel, corroyeur, nu : quarante-six mois en treize condamnations r mendicité et vagabondage (commué).

éger, né en 1831, à Gisors, meunier, banni : neuf damnations, dont deux pour vol, la dernière à ze mois, Metz, 20 juillet 1869.

elièvre, né en 1841, à Lorient, plombier, con- ax : cinq ans, 6 avril 1858, Paris, vol.

edrux, né en 1840, à Cognac, contumax : deux s, Paris, 26 février 1864, abus de confiance.

egrand, né en 1835, à Orrécur (Eure-et-Loir), her : déporté : dix condamnations, vagabondage, t un mois, 3 janvier 1870, vol.

ehy, né en 1850, à Saumur, doreur, déporté : s condamnations, dont six mois, Paris, 18 juin 0, vol.

e Méro, né en 1833, à Auray (Morbihan), maçon, tumax : trois ans, Paris, 24 janvier 1867, vol.

emoine, né en 1838, à Limetz (Seine-et-Oise), balleur, contumax : deux mois, Pontoise, 26 octo- 1859, vol.

eniaud, né en 1851, à Saint-Sulpice (Haute- nne), maçon, banni : cinq condamnations, dont pour vol, le 28 septembre 1868, Paris.

Léo Franckel (Léon-Hermann), né en 1844, Bude, bijoutier, membre de la Commune, à mo par contumace : trois mois, Paris, 1870, pol tique.

Lepreux, né en 1845, à Chaumes (Seine-et-Marne cuisinier, déporté : trois condamnations, dont treiz mois, Paris, 22 juin 1867, vol,

Leprince, né en 1839, à Neuilly, maçon, banni quatre condamnations, dont six mois, Paris, 19 jan vier 1858, vol.

Leroy, né en 1834, à Boulogne-sur-Mer, corroyeur déporté : six condamnations, la dernière, Marseille trois mois, 10 décembre 1869, vol.

Lervoire, né en 1843, à Barret (Charente), char pentier, banni : quatre mois, Cognac, 8 novembr 1865, vol.

Lévy (Lazare), né en 1844, à Boulay (Moselle) opticien, déporté : failli à Paris 1875 : quatre ans assises Seine, 24 juillet 1875, banqueroute frau duleuse; deux ans, 7 novembre 1876, extrad d'Allemagne pour purger ces deux condamna- tions.

Lesage, né en 1838, à Montrouge, maçon, banni huit condamnations de quinze jours à trois mois pour rébellion, coups et outrages (commué).

Liard, né en 1841, à Barjouville (Eure-et-Loir), mécanicien, banni : deux ans et cinq ans de sur- veillance. Nouméa, 12 mai 1876, coups et bles- sures.

Liébert, né en 1850, à Neuvillette (Somme), cordonnier, banni : six mois, Paris, 23 juillet 1870, vol.

Liége, né en 1825, à Lusignan (Vienne), confectionneur, banni : faillite, banqueroute à Bressuire, en 1864 ; huit mois, Saumur, 28 septembre 1867, abus de confiance.

Liron, né en 1847, à Clermont-Ferrand, emballeur, contumax : trois condamnations, dont trois mois, Paris, 24 juin 1867, vols.

Ligneau, né en 1850, à Paris, journalier, déporté : sept condamnations, dont trois pour vol, la dernière de six mois, le 26 septembre 1868 (commué).

Lissagaray, né en 1835, à Toulouse, journaliste, contumax : sept condamnations diverses, pour délits politiques.

Lisbonne, né en 1839, à Paris, acteur, colonel des fédérés, déporté : faillite, Paris, 20 juillet 1866.

Lomon, né en 1828, à Villers-Faucon (Somme), manouvrier, déporté : cinq condamnations, dont quinze mois, Laon, 18 juillet 1846, vol ; à mort, conseil de guerre, Paris, 9 juillet 1850, voies de fait envers un supérieur; quatre ans, Rennes, 10 mai 1865, outrage à la pudeur.

Lonclas, né en 1836, à Paris, sculpteur, membre de la commune, à mort par contumace : treize mois, Paris, 9 janvier 1865, pour tentatives d'escroquerie. Mis en faillite à Paris, le 26 juillet 1870.

Longuet, né en 1839, à Caen, journaliste, membre

de la commune, contumax : quatre fois de quinz jours à quatre mois, pour délits politiques.

Longat, né en 1819, à Paufon (Seine-et-Marne peintre en voiture, déporté : quatre mois, Pari 3 mai 1851, vol.

Longuemare, né en 1849, à Paris, fumiste, de porté : six condamnations, dont quatre pour vol, l dernière à huit mois, le 27 janvier 1870, Paris.

Lucas, dit France, dit Nicou, né en 1839, à Sè vres, cocher, déporté : trois condamnations, dor quatre mois, Etampes, 9 décembre 1868, vol.

Luchesi, né en 1851, à Paris, corroyeur, déporté trois mois, Paris, 24 novembre 1868, vol.

Ludès (Agnès), culotière, née en 1841, à Fuma (Ardennes), travaux forcés : vol et abus de confiance la dernière à Paris, deux mois, le 30 septembre 1868

Lyas ou **Lyaz,** né en 1815, à Garrevod (Ain) clerc d'huissier, banni : deux condamnations, don un mois, Bourg, 21 septembre 1849, outrage au magistrats.

Louis, né en 1853, à Paris, grillageur, déporté dix ans de travaux forcés, Nouméa, 22 septembr 1874, pour vol, faux, évasion et outrages.

Louvier, né en 1844, à Paris, charretier, déporté six condamnations de deux à six mois, dont troi pour vol ; la dernière, Paris, 6 juin 1864 (commué)

Lullier, né en 1838, à Mirecourt (Vosges), officier de marine, membre du Comité central, commandant des canonnières du Point-du-Jour, déporté cinq fois de un à six mois, pour délits politiques.

M

Madof ou **Madœuf**, né en 1829, à Lyon, acteur, déporté : un an, assises de Limoges, 8 août 1867, attentat à la pudeur.

Maginot, né en 1848, à Ligny (Meuse), galochier, déporté : en correction à Bar-le-Duc, pour vol; deux ans, Paris, 20 juillet 1865, vol.

Magnez, né en 1851, à Paris, mécanicien, déporté : six condamnations pour mendicité et vol.

Mallet (Antoine), né en 1839, à Saint-Etienne, commis-voyageur, contumax : huit mois, Paris, février 1875, abus de confiance.

Mallet (Pierre), né en 1836, à Jussey (Haute-Saône), bijoutier, contumax : six jours, Limoges, 9 mai 1866, coups et blessures.

Malato, né en 1823, à Trapani (Italie), négociant, déporté : faillite, Paris, 7 septembre 1860 ; cinq ans de travaux forcés, assises de la Seine, 25 avril 1864, banqueroute frauduleuse.

Malon (Benoît), né en 1841, à Prétieux (Loire), employé de librairie, membre de la Commune, contumax : deux fois pour société secrète.

Marguenat, né en 1826, à Troyes, charpentier, déporté : cinq fois pour outrages, rébellion (commué).

Marie (J.-Gustave), né en 1851, à Do
cherolles (Seine-Inférieure), cuisinier, déporté
sept fois, de huit jours à trois mois, pour vag
bondage, quatre mois, Orléans, 2 juillet 187
vol (commué).

Marel, né en 1850, à Paris, maroquinier, déport
cinq fois, dont quatre pour vol, la dernière six mo
Paris, 2 novembre 1870.

Marie (François), né en 1822, à Meudon, cordo
nier, déporté : huit ans de travaux forcés, assis
Paris, 27 décembre, 1845, vols qualifiés.

Marigot, né en 1842, à Versailles, ex-caporal
59° de ligne, déporté : deux ans, Paris, 30 juin 187
abus de confiance, cinq ans travaux publics, conse
de guerre, 11 février 1871, désertion.

Marius, né en 1849, à Fort-de-France (Ma
tinique), peintre, déporté : trois mois, Bo
deaux, 10 août 1872, coups et blessures, récidi
(commué.)

Martel, né en 1828, à Moutiers (Savoie), journa
lier, déporté : un mois, Paris, 27 septembre 185
coups et blessures (commué.)

Martin, né en 1827, à Sceaux, chaisier, déporté
six jours, Paris, 17 juin 1863, outrages.

Martinet, né en 1832, à Grand-Naves (Haute
Savoie), ébéniste, contumax : un mois, Paris,
mai 1858, filouterie, six mois, id., 17 novembre 186
coups et blessures.

Massé, né en 1843, à Paris, cordonnier, déporté
trente-deux mois en dix condamnations pour vaga
bondage et mendicité (commué).

Masselot, né en 1839, à la Roche-sur-Ronon (Haute-Marne), horloger, à mort par ixième conseil; contumax : 13 avril 1860, Yvetot, apage.

Maugey, né en 1849, à Paris, chiffonnier, déporté : un mois, 19 juin 1868, vol.

Mathey, né en 1826, à Bains (Vosges), serrurier, contumax : trois ans travaux publics, conseil de guerre, Bourges, 18 octobre 1850, désertion.

Maupy, né en 1850, à Paris, couvreur, déporté : cinq condamnations, dont trois pour vol, la dernière à cinq ans, Philippeville, 1er juin 1863.

Mazille, né en 1846, à Chartres, jardinier-fleuriste, déporté : cinq condamnations, dont trois pour vol, la dernière à trois mois, Corbeil, 1er avril 1870.

Mazot, né en 1841, à Turenne (Corrèze), employé de commerce, contumax : un an, Marseille, 15 juillet 1867, vol.

Metzig, né en 1850 (Luxembourg), journalier, déporté : cinq condamnations, dont quatre à six mois, pour vol.

Mégy, né en 1841, à Essonnes (Seine-et-Oise), mécanicien, à mort par contumace : vingt ans travaux forcés, haute Cour de Blois, 3 août 1870, homicide volontaire : deux ans, Paris, conseil de guerre (défaut), pour coups.

Melin, né en 1839, à Lons-le-Saulnier, commis-voyageur, déporté : un an, Paris, 12 septembre 1871, abus de confiance et usurpation de fonctions.

Merle, né en 1832, à Bourg, sellier, déporté : six

mois, 9 juillet 1869, pour abus de confiance (commué).

Mestre, né en 1851, à Montrouge, plombier, déporté : deux fois à deux ans pour vol, à Paris, le 7 septembre 1866 et le 2 février 1869 (commué).

Meurtin, né en 1845, à Ruffey (Jura), journalier, déporté : cinq condamnations, dont trois pour vols, la dernière six mois, Lyon, 26 novembre 1868 (commué).

Mignonneau, dit le Frisé, né en 1842, à Chaillé-les-Marais (Vendée), commis-marbrier, déporté : sept fois de deux à treize mois pour vol, la dernière à Paris, le 3 juillet 1869 (commué).

Mignot, né en 1820, à Vramesnil (Seine-Inférieure), journalier, déporté : dix condamnations, dont six pour vols, et quatre mois au Havre, le 28 octobre 1870, pour pillage (commué).

Minard, né en 1830 à Vanves, blanchisseur déporté : quatre mois, Paris, 10 juin 1870, escroquerie et abus de confiance (commué).

Miot (J.), né en 1809 à Autun, membre de la Commune, pharmacien, à mort par contumace : trois mois, 25 août 1862, société secrète.

Montier, né en 1814, à Clamecy (Nièvre), scieur de long, déporté : six fois pour vols, dont cinq ans de réclusion aux assises de l'Aisne, le 16 février 1854 (commué).

Moquet, né en 1820, à Meaux, maçon, déporté : quatre fois de un à six mois pour vagabondage, coups et blessures.

Millard, né en 1843, à Château-Porcien (Ardennes),

journalier, déporté : trois condamnations pour vol, dont treize mois, Paris, 28 novembre 1860.

Millevoye, né en 1850, à Paris, tailleur, déporté : huit mois, 12 novembre 1873, abus de confiance.

Mirot, né en 1842, à Montereau, garçon de cuisine, déporté : trois condamnations pour vagabondage.

Montels-Bouisset, né en 1843, à Gignac (Hérault), courtier en vins, contumax (insurrection de Narbonne) : deux condamnations, dont trois mois, Alger, 1867, pour adultère.

Moreau, né en 1833, à Hautlieu (Nord), employé, détenu : cinq ans de réclusion, assises de Paris, 5 mai 1873, pour détournements et faux.

Morel, né en 1850, à Paris, peintre, déporté : deux condamnations pour coups et outrages.

Moulin, né en 1834, à Rodez, garçon de café, déporté : onze condamnations, dont six pour vols, la dernière de treize mois, à Toulon, le 5 juin 1868.

Mourant, né en 1848, à Paris, tanneur, déporté : quatre condamnations pour vols, dont deux ans et deux ans de surveillance, le 29 mai 1868.

Morhain, né en 1837, à Andelot (Haute-Marne), employé de commerce, déporté : deux fois pour abus de confiance ; six ans de réclusion, Chaumont, 22 avril 1864, pour faux et usage de faux (commué).

Muelle, né en 1844, à Gespunsart (Ardennes), raffineur, déporté : six fois dont deux pour abus de confiance, la dernière à trois mois, Paris, le 4 mars 1870 (commué).

N

Nastorg, dit Saint-Simon, né en 1841, à Toulouse négociant, banni : trois condamnations : un an, conseil de guerre, Toulouse, 12 juillet 1861, escroquerie un an, Blidah, 10 mars 1861, vente d'effets ; treize mois, Toulouse, escroquerie et port de décoration.

Naulot, né en 1841, à Paris, briquetier, déporté cinq condamnations pour coups et blessures, don treize mois aux assises, Paris, 13 février 1872.

Nicolas, né en 1840, à Vougecourt (Haute-Saône) employé de commerce, contumax : treize mois Paris, 22 octobre 1869, abus de confiance.

O

Oblet, né en 1850, à Paris, bijoutier, déporté 3 ans, assises de la Seine, 24 décembre 1872, pou faux et usage de faux (commué).

Olivier, né en 1830, à Montenay (Mayenne), déporté : trois mois, Bordeaux, 16 octobre 1868, vol.

Ormancey, né en 1829, à Saint-Germain-les-Rochoux (Côte-d'Or), journalier, contumax : deux mois, Corbeil, 9 avril 1869, pour coups.

Oudet, né en 1826, à Paris, peintre sur porcelaine membre de la Commune, à mort par contumace : six condamnations diverses pour délits politiques.

P

Pagenelle, né en 1841, à Provins, journalier, déporté : deux ans, Provins, 30 mai 1860, et deux ans, Paris, 23 septembre 1864, pour vol.

Pagnon, né en 1845, à Paris, bonnetier, déporté : cinq condamnations, dont treize mois, 5 mai 1868, et huit mois, 22 juin 1869, pour vol.

Paradis, né en 1840, à Grandfontaine (Vosges), journalier, déporté : quatre mois, Paris, 21 février 1867, vol.

Parent dit Nicaise, né en 1849, à Transloy (Pas-de-Calais), courtier en vins, contumax : cinq condamnations, trois pour escroqueries, et trois ans aux assises de la Somme, le 14 janvier 1863, pour faux.

Parigot, né en 1832, à Troyes, bonnetier, banni : Paris, 29 août 1870, délit de colportage.

Parry, né en 1834, à Chennervilles, peintre en décors, banni : un mois, 21 octobre 1870, conseil de guerre du cinquième secteur, pour insubordination (peine finie, mais non amnistié).

Pateyron ou Patheron, né en 1848, à Paris, soldat, ancien garçon plombier, banni : trois fois pour rébellion et vagabondage, de un à deux mois.

Patout, né en 1835, à Gien, cuisinier, déporté (a été gracié sans condition de résidence en Nouvelle-Calédonie) : cinq condamnations, treize mois, 8 juillet 1856, pour escroqueries; deux ans, le 8 octobre 1862, pour désertion.

Paulus, né en 1834, à Paris, cordonnier, déporté : quatre fois pour vol ou filouterie, la dernière trois ans, Paris, 2 janvier 1870, pour détournement.

Patry, né en 1830, à Bagneux (Maine-et-Loire), forgeron, banni : six condamnations pour coups et blessures, rébellion, outrages, injures aux particuliers.

Pellerin de Saint-Robert, né en 1846, à la Basse-Terre (Guadeloupe), journaliste, contumax : deux fois, en 1869, à Paris et à Blois, par la haute Cour, pour délits politique.

Pellion, né en 1823, à Rives-de-Gier, terrassier, déporté : treize mois, à Vienne, 19 décembre 1837, vol ; un mois, Montargis, 1840, pour filouterie, trois autres pour blessures et menaces de mort.

Penault, né en 1843, à Blois, fruitier, déporté ; six condamnations dont quatre pour délits de chasse et deux pour rébellion et coups.

Pernelet, né en 1834, à Charleville, boulanger, neuf condamnations, dont trois mois, Charleville, 4 juin 1855, abus de confiance ; un an, conseil de guerre à Oran, 6 janvier 1865, pour vente d'effets.

Perrain, né à Paris, en 1844, tapissier, déporté ; onze condamnations pour vagabondage, coups et blessures, plus six mois, Paris, 31 mai 1862, vol, et un mois, Marseille, 17 février 1863, escroquerie.

Perdrix, né en 1851, à Châlons-sur-Marne, garçon de bateau-lavoir, à mort par contumace ; quatre condamnations, dont trois pour vol, la dernière à Paris, quatre mois, le 4 août 1870 (commué).

Périgault, né en 1839, à Paris, coupeur d'allumettes, déporté ; 8 jours, Paris, 24 décembre 1859, coalition et coups.

Perreau, né en 1843, à Paris, cordonnier, déporté ; six jours et un mois, à Paris, pour rébellion, coups et blessures.

Perret (Claude-Marie), né en 1847, à Ormes (Saône-et-Loire), tailleur de pierres, à mort par contumace ; Paris, 10 janvier 1869, outrages aux agents.

Perret (Jean-Baptiste), né en 1827, à Loisy (Saône-et-Loire), charpentier, déporté ; trois mois, Paris, 22 octobre 1872, vol (commué).

Perret (Louis), né en 1838, à Paris, ferblantier, contumax : un an, Paris, conseil de guerre, 18 septembre 1860, vol.

Perret (Pierre-Léon), né en 1832, à Paris, garçon de recettes, contumax : six mois, Paris, 16 décembre 1848, vol.

Perrier, né en 1836, à Ars (île de Ré), marchand de nouveautés, contumax : faillite, Paris, 8 mai 1869.

Perrinot, né en 1845, à Valleroi-le-Bois (Haute-Saône), cordonnier, déporté : treize condamnations, dont six mois, 22 janvier 1863, à Paris, pour vol.

Perron, né en 1827, à Paris, journalier, déporté : six condamnations pour vagabondage ou rébellion,

Pierson, né en 1827, à Sencourt (Haute-Marne mégissier, déporté : onze condamnations, vagabondage, rupture de bans, etc.

Perruchot, né en 1840, à Ablon (Seine-et-Oise menuisier, déporté : quinze mois, Paris, 3 septembre 1863, vol ; trois mois, 9 septembre 1862, outrag public à la pudeur (commué).

Petit (Pierre-Edme), né en 1835, à Montbard peintre, déporté : quinze jours, Avallon, 17 août 1860, escroqueries ; trois condamnations pour vagabondage.

Petit, dit Delaloz, né en 1826, à Paris, maçon contumax : six mois, Paris, 13 septembre 1872 vol.

Petit (Clément-Joseph), né en 1845, à Achicourt garçon d'amphithéâtre, déporté : sept condamnations dont deux pour vol, la dernière à Arras, huit mois le 16 novembre 1864.

Pfozer, né en 1849, à Paris, couvreur, déporté six condamnations, dont quatre mois, le 4 août 1867 pour abus de confiance, et dix-huit mois, le 29 septembre 1869, pour vol (commué).

Peyrusset, né en 1826, à Nantes, ex-capitaine au long cours, déporté : quatre mois, Nantes, 3 décembre 1859, abus de confiance et vol (défaut).

Philippe (Félix), né en 1846, à Croisenville, tailleur, déporté : deux fois pour vol ; trois ans, assises de Paris, 29 octobre 1867, attentat à la pudeur.

Philippe (Jean-Georges), né en 1838, à Saar-Union, militaire, banni : trois ans, sept mois et vingt-sept jours de détention, etc., 3e conseil de guerre, Paris, 28 octobre 1878, rupture de ban.

Picard (Alfred-Adolphe), commis-voyageur, contumax : quatre fois condamné à Besançon et à Paris pour escroquerie, plus dix ans de travaux forcés, Paris, le 3 août 1871, pour faux (contumax); même condamnation aux assises du 5 octobre.

Picault, né en 1828, à Paris, homme de peine, déporté : six condamnations, dont quatre pour vol, deux ans de prison, le 26 février 1869.

Pichot, né en 1847, à Boulogne, serrurier, déporté : en correction pour vol jusqu'à dix-huit ans, Paris, 20 mars 1858.

Picon, dit Pagès, né en 1849, à Albens (Savoie), comptable, déporté : six mois, Paris, 12 août 1869, escroquerie.

Pierrard, né en 1850, à Paris, monteur en bronze, contumax : deux fois pour vol et abus de confiance, la dernière treize mois, le 1er février 1869.

Pierre, né en 1831, à Sedan, contumax : vingt ans de travaux forcés, 4 février 1859, assises de Versailles, tentative de viol avec violences.

Pierron, né en 1849, à Gondrexange (Moselle), ex-militaire, déporté : quinze jours, Paris, 20 juillet 1866, vol; trois mois, id., 29 août 1868, vol.

Piganiol, né en 1846, à Aurillac, matelot, déporté : trois mois, Paris, 30 mars 1865, escroquerie.

Piganiol (Adolphe), né en 1831, à Bercy, vidangeur, déporté : quatre condamnations, dont deu[x] pour vol, une pour attentat à la pudeur, six mois p[ar] conseil de guerre, Bône, 7 octobre 1852.

Pinçon, né en 1845, à Patay, cordonnier, déporté quatre condamnations, deux pour escroqueries, treize mois, Paris, 6 novembre 1869, vol.

Pigeon, né en 1843, à Fougères (Ille-et-Vilaine[)] cordonnier, déporté : quatre fois de un à deux mo[is] pour rébellion et outrages.

Pillot (François), né en 1844, à Fréveau (Pas-de[-] Calais), ex-soldat, déporté : dix ans de réclusio[n] Paris, 2e conseil de guerre, 17 décembre 1870, vol[s].

Pilotell, né en 1845, à Poitiers, dessinateur, l'u[n] des chefs les plus exaltés de la Commune, à mo[rt] par contumace : trois condamnations, délits poli tiques.

Pindy, né en 1840, à Brest, menuisier, membre d[e] la Commune, condamné à mort par contumace deux fois pour association et délits politiques.

Pingeon, débardeur, né en 1833, à Paris, une de[s] célébrités de la Commune, contumax : en correctio[n] jusqu'à vingt ans pour vagabondage ; trois ans d[e] travaux publics au conseil de guerre de Toulon, l[e] 25 janvier 1850, pour désertion ; six mois, Paris 26 février 1857, escroquerie ; six mois, id., 11 mars 1856 attentat à la pudeur et injures ; plus deux condamna tions, l'une à treize mois, le 9 janvier 1862, et l'autre le 24 octobre 1869, pour vol.

Planquette, né en 1851, à Paris, scieur de pierres

déporté : quatre condamnations pour vol, la dernière à six mois, Paris, le 29 décembre 1869.

Plessy, né à Paris en 1831, sculpteur sur bois, contumax : délit d'association illicite.

Pocquet, né en 1829, à La Charité (Nièvre), serrurier, contumax : cinq fois de huit mois à un an, pour vol; trois ans de travaux publics, à Oran, le 19 avril 1858, pour bris de fusil (commué).

Pointreau, né en 1829, à Paris, ciseleur, contumax : six mois, Paris, 30 avril 1858, pour vol.

Poirier, né en 1835, à Sargé (Loir-et-Cher), mécanicien, contumax : deux fois à Marseille et à Paris, dégradation de monuments et complots.

Ponchon, né en 1842, à Paris, journalier, déporté : neuf mois en quatre condamnations pour vagabondage (commué).

Porchet, né en 1846, à Passy, débardeur, déporté : sept condamnations, dont cinq pour vols, la dernière de six mois, Paris, le 30 juillet 1867.

Portalier, né en 1829, à Brioude, cordonnier, contumax : trois mois, Paris, 21 août 1860, soustraction frauduleuse.

Portois, né en 1838, à Creil, manouvrier, déporté : onze condamnations, dont trois mois à Senlis, le 1er mars 1871, pour vol; les autres pour coups, rébellion, outrage à la pudeur et délits de chasse.

Portois (J.-César), né en 1830 à Lille, chocolatier, banni : trois fois de un à huit mois, dont trois mois, Paris, 15 juin 1851, pour vol (commué).

Potel (Louis), né en 1846, à Sérane (Nord), boucher, détenu : trois mois, Paris, 26 novembre 1868, vol ; treize mois, le 23 juin 1869, pour abus de confiance (commué).

Potel (Pierre-Auguste), né en 1843, à Honfleur contumax : trois ans, Paris, 7 août 1872 (défaut) pour usurpation de fonctions.

Pothin, né en 1840, à Anso (Rhône), garçon marchand de vins, déporté : quatre ans de correction, Lyon ; quatre condamnations pour vol, la dernière de six mois, à Lyon, 27 février 1865.

Pouberel, né en 1834, à Paris, laitier, déporté quinze jours, Constantine, 27 octobre 1852, vol ; deux ans, et, armée d'Orient, 17 juillet 1854, bris volontaire de son arme ; 5 ans, it., Bône 31 mars 1859, attentat à la pudeur (commué).

Pouchonnaud, né en 1837, à la Martinèche (Creuse), maçon, contumax : Lyon, 28 juin 1864, homicide ; quatre mois, Paris, 5 mars 1869, escroquerie (deux affaires) ; six mois, Paris, 6 décembre 1870, escroquerie avec port illégal d'insignes.

Pouliquen, né en 1851, à Paris, journalier, déporté : en correction jusqu'à vingt ans pour vagabondage.

Pourille, dit Blanchet, né en 1833, à Troyes, journalier, membre de la Commune, démissionnaire par la volonté de Raoul Rigault, qui l'avait incarcéré à Mazas ; à mort, par contumace : six jours, Lyon, 10 mars 1868, pour banqueroute frauduleuse.

Prieur, né en 1816, à Saint-Germain en Laye,

imprimeur en taille-douce, déporté : faillite, Paris, 26 novembre 1867.

Prost, né en 1832, à Mâcon, banni (temps fini, mais non amnistié) : dix jours, Paris, 22 janvier 1867, coups et blessures.

Protot, né en 1839, à Carisey (Yonne), avocat, membre de la Commune et son délégué à la justice, à mort par contumace : quinze mois, Paris, 9 mai 1867, pour société secrète.

Prout, né en 1831, à Bénévent (Creuse), maçon, déporté : trente-deux mois et dix jours en dix condamnations pour mendicité et vagabondage.

Prudhon, né en 1845, à Paris, soldat au 8º d'artillerie, banni : deux mois, Besançon, 19 juillet 1859, vol, un mois, id., 5 novembre 1862, pour vol (commué).

Prenant, né en 1845, à Doutilly (Seine-et-Marne), chauffeur, banni : trois ans, Valence, 2 avril 1875, escroquerie.

Primaux, né en 1851, à Paris, ciseleur, déporté : six jours pour vagabondage, plus quinze jours, le 19 juin 1868, pour abus de confiance.

Prudot, dit **Voinot**, né en 1840, à Thervay (Jura), employé de commerce, contumax : quatre fois condamné, deux fois sous le nom de Prudot et deux fois sous celui de Voinot, pour vol ou escroquerie, dont cinq ans, le 24 octobre 1872, à Paris.

Prut, né en 1836, à Saint-Nabord (Bas-Rhin), journalier, déporté : six condamnations, dont quatre pour vol, la dernière à six mois, Lyon, le 21 juin 1870.

Pyat (Félix), né à Vierzon (Cher), journaliste membre de la Commune, rédacteur du *Combat* et d[u] *Vengeur*, condamné à mort par contumace : onz[e] condamnations de gravités diverses, pour délits d[e] presse, d'association illicite ou de parole.

Q

Questel, né en 1824, à Montcharvot (Haute-Marne) photographe, déporté : deux fois pour délits de chasse et de dessins colportés sans autorisation (commué)

Quintin, né en 1836, à Châteaulin (Finistère) terrassier, banni : six condamnations dont trois pou[r] vol, la dernière à deux mois, le 28 septembre 1868

R

Ragon, né en 1850, à Nemours, marin, déporté treize mois, Paris, le 30 janvier 1873, et quinze mois le 1er mai 1873, pour vol.

Ragot, né en 1833, à Chaumont, serrurier, déporté trois mois, Paris, 30 novembre 1863, vol.

Rampillon, né en 1820, à Chaumont, sellier, déporté : six condamnations, dont trois pour abus de confiance, la dernière à trois mois, le 30 avril 1868 (commué.)

Ranvier et **Rastoul**, tous deux membres de la Commune, n'ont que des dossiers politiques : le premier est mort cet hiver à Paris, où il était venu avec un sauf-conduit ; l'autre est toujours à Nouméa, où il exerce la médecine.

Raveaud, né en 1835, à Charolles, contumax : un an, Lyon, 4 août 1870, escroquerie.

Ravet, né en 1851, à Paris, tailleur de cristaux, banni : quatre condamnations, dont trois pour vol ou abus de confiance, la dernière à quatre mois, Paris, 29 août 1870.

Rayer, né en 1850, à Dun-le-Roi (Cher), peintre, à mort par contumace : un mois, conseil de guerre de Constantine, pour coups et blessures.

Raymond, né en 1818, à Gex, scieur de long, déporté : six mois, Paris, 18 septembre 1863, outrage à la pudeur.

Récipont, né en 1848, à Gentilly, maroquinier, déporté : sept condamnations, dont cinq pour vols, la dernière du 3 septembre 1870 (commuée.)

Redon, né en 1827, à Frémoutiers, ex-officier au 134e de ligne, contumax : dix ans de réclusion, Paris, le 25 mars 1872, six mois, Lyon, le 8 novembre 1859, pour absence illégale.

Régnier, né en 1846, à Paris, saltimbanque, contumax : cinq condamnations pour vols, dont trois ans et cinq ans de surveillance, le 2 juin 1864.

Renard, né en 1848, à Saint-Mandé, cordonnier, déporté : un an, assises de la Seine, 9 mars 1868, vols (commué).

Renaudot, né en 1835, à Aix-en-Othe (Aube), garçon de magasin, déporté : trois fois pour vols, dont treize mois à Paris, le 18 décembre 1856.

Rétat, né en 1835, à Saint-Amand (Cher), co[r]-
donnier, banni : cinq ans, conseil de guerre de Met[z]
le 31 octobre 1855, pour vol.

Rétisse (Rose-Elisabeth), née en 1834, à Véz[e]-
lise (Meurthe), cartonnière, déportée : vingt jours[,]
Châlons-sur-Marne.

Rey, né en 1844, à Toulon, marchand de vins, d[é]-
porté : trois mois, Paris, le 2 avril 1852, vol et escr[o]-
querie ; deux ans, Paris, 20 avril 1872, faux e[n]
écriture (commué).

Richard, né en 1821, à Sertigny (Vosges), d[é]-
porté : quinze condamnations, dont un an, Mirecour[t]
le 10 mai 1869, pour abus de confiance, les autr[es]
pour rébellion et rupture de ban (commué).

Riche, né à Compiègne, ciseleur, déporté : ne[uf]
condamnations, six pour vols, la dernière à trei[ze]
mois et deux ans de surveillance, Paris, 24 ao[ût]
1869.

Riès, né en 1848, à Luxembourg, journalie[r,]
déporté : trois fois pour vols ; trois mois, Pari[s,]
13 octobre 1866, pour vol qualifié.

Rives, né en 1851, à Paris, garçon aux Halles, dé[-]
porté : vagabondage, quinze jours, 6 décembre, po[ur]
vol.

Ringeval, né en 1831, à Lille, colleur de papier[s,]
déporté : un mois le 24 octobre 1866, et trois moi[s]
le 18 octobre 1865 (commué).

Robillard, né en 1821, à Biécourt (Seine-et-Oise[),]
carrier, déporté : six condamnations, dont deux pou[r]

vols, l'une à trois ans, Oran, 7 septembre 1852 (commué).

Robin (Jean-Michel), né en 1838, à Mesnil-Bas (Manche), agent d'affaires, banni : quatre fois pour abus de confiance, la dernière du 5 janvier 1866.

Robin (Jules-Ernest), né en 1850, à Mailleroncourt, chiffonnier, déporté : trois fois pour vol, dont un an à Paris, le 17 octobre 1871.

Robot, né en 1826, à Sennecey (Saône-et-Loire), menuisier, banni : Paris, 19 juillet 1855, violence.

Roch, né en 1846, à Corbeil, horloger, déporté : en correction jusqu'à vingt ans pour vols; six mois à Corbeil, le 14 juillet 1871 pour vol (défaut).

Roche, né à Marseille, en 1847, comptable, déporté : six mois, Paris, 29 novembre 1875, abus de confiance.

Rochette (Alfred-Eugène), imprimeur, né en 1823, à Brunoy (Seine-et-Oise), contumax : faillite, Paris, 25 octobre 1872; dix ans de travaux forcés le 2 octobre 1873, assises de la Seine, pour banqueroute frauduleuse (défaut).

Rocher, né en 1853, à Moutonnais (Vendée), pamphlétaire (!), contumax : trois fois, délits politiques.

Roger (Alexandre), né en 1844, à Paris, cordonnier, déporté : 8 mois, Paris, 26 août 1869, vol et complicité de vol (commué).

Roger (Louis-J.-B.), né en 1830, à Mayenneville, maître d'hôtel, déporté : 6 mois, Lille, 30 avril 1873, escroquerie.

Roger (Louis), né en 1849, à Amiens, ciseleu[r], déporté : cinq fois pour vagabondage, deux moi[s] 20 avril 1870, pour abus de confiance.

Roguelin, né en 1852, à Paris, cordonnie[r], déporté : huit mois, 12 août 1870, pour vol.

Rolland, né en 1853, à Paris, soldat du 136e, banni : deux mois, Paris, 13 mai 1870, abus de con[-]fiance.

Romme, né en 1848, à Bordeaux, cultivateu[r], déporté : en correction jusqu'à vingt ans, Barbezieu[x] 13 juillet 1864, pour vol ; cinq ans de réclusio[n], conseil de guerre de Paris, 6 octobre 1870, vo[l] (commué).

Roullier, né en 1830, à Saint-Germain en Lay[e], cordonnier, contumax : deux mois le 6 mai et 8 mo[is] le 7 mai 1870, pour délits politiques.

Rousseau (Victor), né à Paris, en 1850, journalier, banni : quatre mois, Paris, 9 janvier 1871, vaga[-]bondage.

Rousseau (Charles), né en 1847, à Paris, chauffeur, contumax : treize mois, Paris, 4 décembre 1867, vo[l] (récidive) ; cinq ans de réclusion, Lorient, 7 décembr[e] 1872, désertion.

Rollet, né en 1841, à Paris, porteur aux Halles, déporté : sept ans de réclusion, assises de Paris l[e] 18 mai 1861, vol ; vingt ans de travaux forcés, id. 18 février 1871, vol qualifié ; mis en liberté par l[a] Commune.

Roques, né en 1852, à Montpellier, détenu : cin[q] condamnations, dont quinze jours, Montpellier 15 mai 1869, pour vol.

Rossignol, né en 1836, à Auxerre, homme de peine, déporté : quinze ans de travaux forcés, assises de la Seine, 29 juillet 1873, pour vol.

Roussel (Armand), dit l'*Homme aux Bombes*, né en 1841, à Paris, ébéniste, contumax : deux fois à trois mois, le 4 janvier 1858, et le 8 avril 1863, pour vols.

Roussel (Achille), né en 1845, à Paris, soldat au 36º de ligne, comptable, à mort par contumace : deux fois à deux ans pour délits politiques.

Rousset, né en 1843, à Bletterans (Jura), banquier, déporté : trois ans, assises de la Seine, 12 février 1867, détournements.

Roy, né en 1845, à Parcel (Doubs), cordonnier, déporté : six fois pour vol, dont dix-huit mois à Dijon, le 4 avril 1872.

S

Sabatier, dit **Flèche**, né en 1852, à Paris, journalier, banni : six mois, 12 octobre 1870, vol et récidive (commué).

Saint-Paul (Adolphe), né en 1826, à Nice, typographe, déporté : six fois de trois mois à deux ans pour vols, dernière, à Nîmes, 30 mai 1861 (commué).

Saint-Noulin, né en 1824, à Avesnes, fabricant de fleurs artificielles, contumax : six mois, à Lyon,

10 juillet 1858, abus de confiance; deux fois failli(t)
deux mois, Paris, 7 juin 1860, banquerou(te)
simple.

Santaine, né en 1844, à Paris, cordonnier, dé(-)
porté : six condamnations, dont quatre pour vols ;
dernière à deux ans de prison et cinq ans de survei(l-)
lance, le 7 janvier 1860.

Saulnier, né en 1830, à Paris, charretier, déporté(:)
onze condamnations, dont six pour vols ; la dernière
cinq ans de prison et cinq ans de surveillance, par (la)
cour de Paris, le 27 mars 1862.

Sarra, né en 1835, à Paris, peintre, détenu : si(x)
condamnations, dont quatre pour vol, la dernière d(u)
4 juillet 1869.

Sauvage, né aux Baties (Haute-Saône), en 181(7),
imprimeur, 3ᵉ conseil, travaux forcés à perpétuité(,)
complicité de vol et incendie : précédemment con(-)
damné, le 24 mai 1865, à Paris, pour outrages au(x)
agents (commué).

Savy (Jean), né en 1838, à Saint-Hilaire-le-Châ(-)
teau (Creuse), formier, déporté : un mois, Paris,
octobre 1857, vol de récoltes ; quatre condamnation(s)
postérieures pour coups et rébellion.

Schmidt (Adolphe-Hippolyte), né en 1845, (à)
Rueil, employé, contumax : un mois, Paris, 1(er)
août 1863, vol.

Schmidt (Eugène-Émile), né en 1854, à Paris(,)
ébéniste, déporté : cinq ans de prison, conseil d(e)
guerre de Nouméa, le 14 août 1874, pour vol ; s(a)
peine a été commuée, le 29 mars 1878, en dix ans d(e)

bannissement, qui prendront date à l'expiration des cinq ans.

Sellier, dit Cellier, né à Châtel-Cémar (Yonne), en 1837, journalier, déporté : douze condamnations, dont quatre pour vols, la dernière de six mois, à Pontoise, le 22 mai 1867.

Serand, né en 1839, à Paris, coiffeur, déporté : trois fois pour vol, dont cinq ans à Paris, le 15 décembre 1864, vingt ans de travaux forcés à Nouméa, pour tentative de viol.

Seneck, né en 1824, au Petit-Montrouge, peintre en bâtiments, déporté : quinze condamnations de huit jours à six mois pour vagabondage ; deux ans, Toulon, 10 mars 1848, pour bris d'armes (commué).

Serbruyns, né en 1835, à Hundelghem (Belgique), terrassier, contumax : 4 mois, Paris, 12 octobre 1870, pour vol.

Serigue, né en 1835, à Narbonne, déporté évadé : trois fois pour vols, dont un an à Montpellier, le 14 septembre 1857 (commué).

Servat dit Marc, né en 1842, à Toulouse, comptable, à mort par contumax : deux ans, Caen, 13 avril 1864, déserteur ; un an, 3 décembre 1872, Versailles, abus de confiance.

Simonet, né en 1828, à Villers-Cernay (Ardennes), déporté : dix condamnations, coups, contrebande et rébellion, plus quinze mois à Charleville, 2 janvier 1855, pour abus de confiance.

Sirugue, né en 1835, à Thoisy-la-Barlière (Côte-d'Or), cordonnier, déporté : neuf condamnations, dont deux ans de prison et trois ans de surveillance, à Semur, le 4 février 1868, pour vol et bris de clôture.

Stein, né en 1850, à Paris, journalier, déporté quatre fois pour vagabondage et six mois, le 3 avril 1869, vol.

Steyvers, né en 1844, à Puteaux, clerc d'huissier déporté : dix ans de réclusion, assises de la Seine 1er décembre 1873, détournement contumax.

Solin, né en 1830, à Meudon, bouvier, déporté cinq fois, pour coups et outrages.

Sonnet, né en 1845, à Hartemus (Aisne), détenu cinq condamnations, dont trois mois, Paris, 21 septembre 1871, pour vol (commué).

Spinoy (Marie-Alexandrine), veuve **Leroy**, passementière, né en 1850, à Rouen, maîtresse d'Urbain déportée : un an, Paris, pour vol (commuée).

Squète, dit Picard, né à Corbie, en 1834, contumax : quatre mois, 13 juillet 1860, pour vol (commué).

T

Tabourot, né en 1839, à Paris, journalier, déporté six fois, dont six mois, le 28 septembre 1864, et deux mois, le 4 mars 1867, pour vol (commué).

Tadéoni, né en 1842, à Paris, clerc d'avoué, déporté : six mois, le 20 août 1863, et six mois, le 27 mars 1866, pour abus de confiance (commué).

Terrier, né en 1843, à Saint-Macaire, manonvrier, déporté : sept fois, dont un an, à Marmande, le 14 novembre 1865, pour vol.

Teyssier, né en 1841, à Montpesat (Ardèche), cordonnier, détenu : huit ans de réclusion, le 8 février 1874, attentat à la pudeur (commué).

Theisz (Albert), né en 1838, à Paris, membre de la Commune et directeur des postes, contumax : deux mois pour société secrète.

Terrail, né en 1852, à Beaujouve, sellier, déporté : deux fois pour vol, en 1869 et 1870, dix ans de travaux forcés à Nouméa, 6 janvier 1874, pour faux, cinq ans à Nouméa, le 5 juillet 1877, pour vol.

Testot, né en 1835, aux Verrières (Suisse), facteur d'instruments de musique, déporté : six condamnations pour vol, la dernière à deux ans, le 28 novembre 1868, Paris.

Thénard, né en 1844, à Rueil, journalier, déporté : quatorze condamnations, dont quatre mois à Senlis, le 4 janvier 1867, pour vol.

Thillard, né en 1836, à Rouen, serrurier, déporté : trois fois pour vol, la dernière à Versailles, 8 janvier 1867.

Thominot, né en 1811, à Paris, horloger, déporté : trois mois, Paris, 3 janvier 1868, vol.

Thomas, né en 1833, à Paris, machiniste, déporté : Paris, deux mois, le 4 août 1877, abus de confiance.

Tiget, né en 1835, à Rennes, courtier d'assurances,

déporté : neuf mois, conseil de guerre de Metz, 2 décembre 1876, pour filouterie (commué).

Tiragallo, né en 1849, à Nice, tanneur, déporté : tentative de meurtre, le 7 septembre 1876, à Nouméa.

Thonnelier, né en 1827, à Paris, corroyeur ; un an pour vol et huit mois, le 12 octobre 1846, pour bris de clôture.

Thouret, né en 1836, à Marquise (Pas-de-Calais), tailleur de pierres, deux fois à six mois pour vol : à Boulogne, le 27 février 1867, et à Paris, le 21 avril 1869 ; dix mois à Orléans, le 28 avril 1878, pour vol avec falsification de livret.

Tripet, né à Saint-Germain en Laye, maçon, banni : trois fois pour vagabondage, plus six mois à Gien, le 13 juin 1870, pour outrages à la pudeur.

Trompesance, né en 1826, à La Trémouille, tailleur de pierres, déporté : neuf condamnations, coups, rébellion, outrages, dont deux mois le 4 novembre 1867, pour bris de clôture.

Tracol, né en 1820, à Giran (Rhône), fabricant d'articles de pêche, déporté : un mois, Lyon, 2 juin 1841, coups et blessures.

Trappler, né à Noyans-Fergereau en 1842, déporté : un mois, Versailles, 21 septembre 1865, vols ; deux ans, id., 19 novembre 1868 (commué).

Trasbot, né à La Motte-Beuvron, bourrelier, banni : 29 juillet 1857, à Pithiviers, pour coups et blessures.

Trémot, né à Arcueil, maçon, déporté : sept fois,

dont trois pour vols, la dernière à six mois, le 19 décembre 1866 (commué).

Trinquet (Alexis-Louis), né le 5 août 1835, à Valenciennes, cordonnier, membre de la Commune, actuellement élu au Conseil municipal en remplacement de M. Quentin, déporté : six mois, Paris, 1er mars 1870, port d'armes prohibées et cris séditieux ; trois ans, double chaîne, Nouméa, 22 décembre 1876, évasion et vols. (Il va de soi que nous enregistrons le libellé du jugement sans donner aucune explication.)

U V X Y Z

Ubassy, né en 1839, à Orange, fleuriste, déporté : quatre fois : trois mois, Bruxelles, 26 octobre 1872, vol ; quinze mois, Orange, 18 octobre 1873, abus de confiance ; six mois, Genève, 17 avril 1874, vol ; un an, Paris, huit jours, 1876, complicité de vol.

Vaillant (J.-B.-Florimond), né à Prage, en 1828, logeur, membre de la Commune : 24 février 1869, coups et blessures.

Vaillant (Marcel), né à Etampes, brocanteur, banni : faillite, Versailles, 13 février 1869.

Vallès (Jules-Louis-Joseph), né au Puy (Haute-Loire), le 11 juin 1832, journaliste, membre de la Commune, à mort par contumace : deux condamnations pour délits politiques.

Valentin, né en 1821, à Chelles (Seine-et-Marne), maçon, déporté : deux fois pour outrages à la pudeur et un an à Alger, 14 septembre 1846, pour vol.

Van-Ischot, né en 1848, à Charleroi, à mort, p
contumace : quatre fois pour vagabondage.

Vautier, né en 1852, à Paris, cordonnier, d
porté : trois fois pour vols ; quinze ans de travau
forcés, Paris, 22 février 1871, vols qualifiés.

Vassaux, né en 1840, à Neuilly, zingueur, déport
huit condamnations dont deux pour vols, six mois
6 juillet 1858 et six mois le 14 septembre 186
(commué).

Veillard, né en 1836, à Ruy (Isère), carrier, bann
quatre condamnations : deux mois à Bourgo
le 19 décembre 1853 pour vols, et six mois à Grenob
le 28 janvier 1857, pour outrage public à la pu
deur (commué).

Verteuil (Léon de), né en 1849, à Rennes, tou
neur sur bois, banni : six mois, Rennes 28 décen
bre 1864, vol et bris de clôture; un an id., 21 aoû
1866, vol et vagabondage ; trois autres fois pour vo
(commué).

Vésinier, né en 1824, à Mâcon, journaliste, à mo
par contumace : trois fois condamné pour délit
politiques (membre de la Commune).

Viard (Auguste), né en 1836, à la Chapelle-au-Po
(Oise), courtier de commerce, membre de la Com
mune, à mort par contumace : faillite deux fois,
Paris, le 31 janvier 1862 et le 6 novembre 1866.

Verger, dit Laurent, né en 1851, à Courbevoie
brossier, déporté : quatre fois pour vols, dont treiz
mois le 9 février 1870.

Vichard, dit Grandjean, né en 1835, à Saint-Dié

agent d'affaires, contumax : dix ans de réclusion, 5 septembre 1875, Epinal, abus de confiance.

Vidaud, maçon, né en 1848, au Dorat (Haute-Vienne), déporté : cinq fois pour mendicité ou vagabondage.

Vienne, né en 1840, à Gisors, serrurier, déporté ; sept ans de travaux publics, Marseille, 8 juillet 1859, violences envers une sentinelle ; trois fois pour vagabondage ; six jours, Toulouse, 8 janvier 1868, pour vol.

Vigrard, né à Rouen, soldat au 82e de ligne, quatre fois pour vols, dernière quinze mois, Rouen, 26 novembre 1868.

Vincent (Jules), né en 1827, à Saint-Etienne, contumax ; 12 mai 1869, Paris, escroquerie.

Un autre **Vincent** (Alphonse-François), né à Paris, en 1837, ciseleur, qui avait dix condamnations dans son dossier, dont trois pour vols, passe pour avoir été tué sur les barricades ; il a été condamné à la déportation par contumace.

Vincent (Charles-Henri), né en 1847, à Montereau, coutelier, déporté : correction pour vagabondage ; deux fois condamné pour même motif.

Vinchon, né en 1825, à Origny (Aisne), bijoutier, déporté : trois fois pour rébellion et huit ans de travaux forcés, en 1852, pour insurrection.

Viroux, né en 1846, à Mézières, couvreur, déporté : trois fois pour rébellion et outrages.

Virtely, né à Lixheim (Meurthe), en 1833, employé, banni (?) (commué).

Voisin, né en 1824, à Amiens, charretier, banni : trois ans, assises de la Seine, 17 mars 1846, vol; quinze mois, Paris, 2 août 1850, vol (commué).

Vittecoq, né en 1825, à Mallerville (Eure), boucher, banni : quatre fois pour tromperie sur marchandises et faux poids; plus vingt jours, Corbeil, 10 décembre 1869, pour vol.

Vitry, né en 1853 à Paris, fumiste, déporté : à mort, Nouméa, 3 novembre 1875, complicité de tentative de meurtre, commuée en vingt ans de travaux forcés.

Vivier, né en 1824, à Moirans (Isère), facteur d'orgues, contumax : quinze jours, Paris, 14 avril 1866, abus de confiance.

Votte, né 1843, à Lillebonne (Seine-Inférieure), plombier, déporté : trois fois, de six mois à trois ans, pour vol.

Wernert, né en 1819, à Saverne, employé, banni : trois ans, Paris, 11 juillet 1843, vol; quatre ans, Strasbourg, 16 décembre 1858, pour abus de confiance.

Marie **Wolf**, femme Guyard, née à Bar-le-Duc, en 1849, chiffonnière, pétroleuse, condamnée à mort, puis commuée en travaux forcés à perpétuité; un an, Paris, 22 juin 1868, vol.

Wolfers dit Van den Blas, né en 1841, à Bruxelles, ciseleur, contumax : quatre mois, Lyon, 28 septembre 1867, complicité d'adultère.

Xardel, né en 1831, à Nancy, journalier, banni : trois ans, 2 août 1851, coups et blessures; 1 an,

18 février 1859, complicité de vol, 2 ans, 26 juillet 1861, pour vol et abus de confiance (commué).

Yogkmans, né en 1824, à Louvain (Belgique), coiffeur, déporté : six mois, Paris, 24 mai 1866, complicité de vol (commué).

Zabiolle, né à Paris, en 1827, mécanicien, banni : deux mois, Paris, 21 juillet 1846, abus de confiance ; dix ans de travaux forcés, assises de la Seine, 9 juin 1848, pour vol qualifié (commué).

Le Gaulois

12 ET 16, RUE GRANGE-BATELIÈRE

Le Journal français le plus rapidement informé

DONNE EN PRIME

à tout abonné de six mois

Un Titre de Cent Francs

ROMAN EN COURS DE PUBLICATION

Iza, Lolotte & Cie

(Suite de la grande Iza)

PAR ALEXIS BOUVIER

ABONNEMENT :	
Paris : trois mois..............	13 fr. 50
Départements : trois mois.......	16 — »
Abonnements d'un mois.........	5 — »

www.ingramcontent.com/pod-product-compliance
Lightning Source LLC
LaVergne TN
LVHW050633090426
835512LV00007B/819